SCIENCE ET RELIGION

Études pour le temps présent

COMMENT RÉNOVER

L'ART CHRÉTIEN

*Les causes de sa dégénérescence et les moyens
de le relever*

PAR

Alphonse GERMAIN

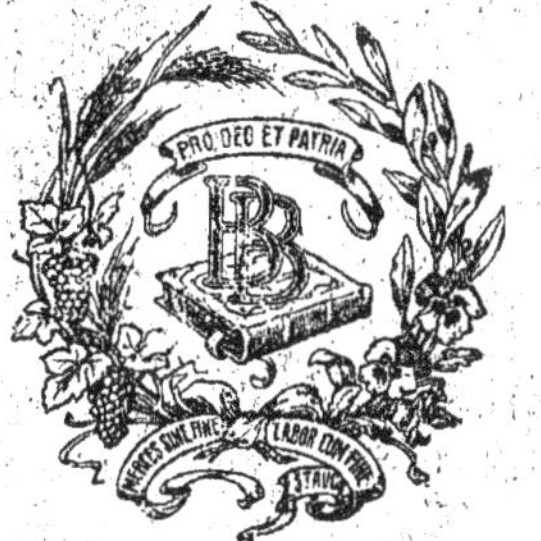

PARIS

LIBRAIRIE BLOUD & Cⁱᵉ

4, RUE MADAME ET RUE DE RENNES, 59

ÉTUDES DE PHILOSOPHIE
ET DE CRITIQUE RELIGIEUSE

SÉRIE IN-16

BROGLIE (abbé de). — **Les Fondements intellectuels de la foi chrétienne.** Leçons faites à l'Institut catholique de Paris en 1892-1893, avec préface et notes par A. LARGENT, chanoine honoraire de Paris, 2ᵉ édition. Prix : **2 fr. 50**; *franco* . . . . . . **2 fr. 75**

Du MÊME AUTEUR : **Preuves psychologiques de l'existence de Dieu.** Leçons faites à l'Institut Catholique de Paris en 1889-1890. Notes par A. LARGENT, chanoine honoraire de Paris. 1 volume. Prix : **3 fr.**; *franco* . . . . **3 fr. 50**

GAYRAUD (abbé), député du Finistère. — **La Crise de la foi,** *ses causes et ses remèdes,* 3ᵉ édition. Prix : **2 fr.**; *franco* . **2 fr. 25**

GODARD (André). — **La Vérité religieuse,** 3ᵉ édition. Prix *franco*. **3 fr. 50**

GUIBERT (J.), prêtre de St-Sulpice, supérieur du séminaire de l'Institut catholique de Paris. — **Le Mouvement chrétien.** *dans l'âme humaine, devant l'incrédulité, devant la science, devant la critique, devant les exigences sociales.* 2ᵉ édit. Prix : **3 fr** ; *franco*. **3 fr. 50**

LAPPARENT (A. DE), membre de l'Académie des Sciences. — **Science et Apologétique,** *Conférences faites à l'Institut catholique de Paris, Mai-Juin 1905.* 1 vol. Prix : **3 fr.**; *franco* . . . **3 fr. 50**

MAUMUS (Vincent). — **La Préparation à la foi.** 1 vol. Prix *franco*. . . . . **3 fr. 50**

PACHEU (J.). — **Du Positivisme au Mysticisme.** *Étude sur l'Inquiétude religieuse contemporaine.* Prix : **3 fr. 50**; *franco* . **4 fr. » »**

SÉRIE IN-8

ANGELIN (Adrien). — **La Dissociation psychologique.** *Étude sur les phénomènes inconscients dans les états normaux et pathologiques.* 1 vol. Prix : **2 fr. 50**; *franco* . . . . **3 fr. » »**

BERNIES (V. L.), docteur agrégé de philosophie, docteur en théologie. — **Spiritualité et Immortalité de l'âme humaine.** 1 volume. Prix : **5 fr.**; *franco* . . . . **5 fr. 50**

CANET (abbé G.), docteur en philosophie et ès lettres de l'Université de Louvain, ancien professeur de théologie dogmatique au grand séminaire de Lyon. — **La Pacification intellectuelle par la liberté.** 1 vol. Prix : **6 fr.**; *franco* . . . . **6 fr. 50**

COURBET (Pierre). — **Introduction scientifique à la foi chrétienne.** *Nouvelle édition,* revue et considérablement augmentée. 1 volume. Prix : **4 fr** ; *franco* . . . . **4 fr. 50**

GODARD (André). — **Le Positivisme chrétien.** 4ᵉ édition. 1 vol. Prix : **5 fr.**; *francò* . . . . **5 fr. 50**

LECLÈRE (Albert), Docteur ès lettres, Agrégé à la Faculté des Lettres de l'Université de Berne. **Le Mysticisme catholique et l'Ame de Dante.** 1 vol. Prix : **2 fr. 50**; *franco* . . . . . . **2 fr. 75**

MARÉCHAUX (R. P. D. Bernard-Marie), bénédictin de la Congrégation Olivétaine. — **Le Merveilleux divin et le Merveilleux démoniaque.** 2ᵉ édition. 1 volume. Prix : **5 fr.**; *franco* . . **5 fr. 50**

N. B. — *Cette collection paraît en deux séries à prix variés; une série grand in-16 et une série in-8.*

COMMENT RÉNOVER

L'ART CHRÉTIEN

*Caractères de l'Art chrétien
Causes de sa dégénérescence et moyens de le relever*

PAR

Alphonse GERMAIN

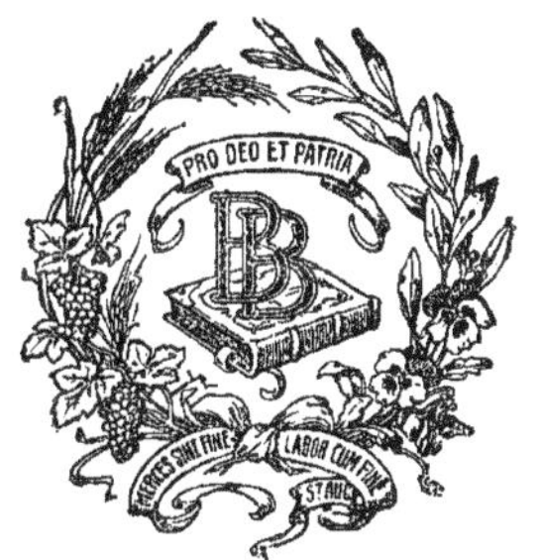

PARIS
LIBRAIRIE BLOUD & Cie

4, RUE MADAME
Reproduction et traduction interdites.

DU MÊME AUTEUR

Le Sentiment de l'Art et sa formation par l'étude des œuvres. — Ouvrage couronné par l'Académie française. 1 vol. in-12 de 385 pages. Librairie Blond et Cie .   **3 fr. 50**

L'Influence de saint François d'Assise sur la civilisation et les arts. — 1 vol. 2e édition. Collection *Science et Religion* . . . .   **0 fr. 60**

L'Art Chrétien en France, *des Origines au XVIe siècle.* — 1 vol. in-12. 2e édition. Même collection . . . .   **0 fr. 60**

Sainte Colette de Corbie. — 1 vol. in-12 de 333 pages. Librairie veuve Ch. Poussielgue, Paris et Maison Saint-Roch, Couvin (Belgique) . . . .   **2 fr. » »**

Le Bienheureux J.-B. Vianney, *tertiaire de St-François.* — 1 vol. in-12 de 210 pages. *Ibid.* . . . . . .   **1 fr. 50**

Pour paraître prochainement :

L'Art chrétien en France, *du XVIe au XIXe siècle.*

COMMENT
RÉNOVER L'ART CHRÉTIEN

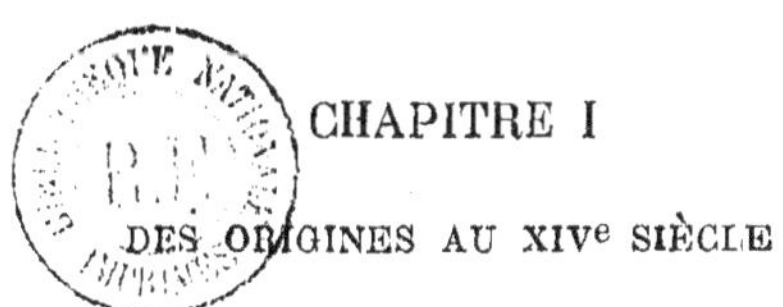

CHAPITRE I

DES ORIGINES AU XIVe SIÈCLE

Ce sont les peintures des catacombes romaines qui
constituent, nul ne l'ignore, les premières manifestations de notre art religieux. Pendant une période
assez longue, elles ne furent guère chrétiennes que
par l'intention de leurs auteurs ; car ceux-ci procédaient forcément selon la manière gréco-romaine, et,
d'ailleurs, ils étaient obligés, pour les garder des
outrages païens, de tracer avec un ésotérisme pru-
dent les représentations dogmatiques.

Précieuses à tant de titres, et certes vénérables,
ces peintures, sauf quelques-unes, ne méritent pas
le titre d'œuvres. En effet, l'art, sous le dernier des
Antonins, s'étiolait misérablement. L'imitation des
ouvrages néo-archaïques et hellénistiques, l'abus du
réalisme grossier et de l'allégorie fade avaient af-
faibli le sentiment esthétique. Le goût des producteurs était aussi corrompu que celui du public.
Faute de se retremper aux sources de la vraie beauté,
les fils du Latium retournaient à la barbarie ances-
trale. Les artistes de la primitive Eglise se trouvaient
donc dans une situation délicate. Ils n'avaient

comme initiateurs que des dégénérés et leur vie
s'écoulait dans un milieu peu favorable au développement de leurs dons. De plus, tout les entravait
dans l'exercice de leur art. L'hostilité qu'on ne ces-
sait de témoigner aux croyants, les persécutions
fréquentes et féroces ne leur permettaient guère
d'étudier et de réaliser comme il aurait fallu.

Les diverses scènes peintes dans les catacombes
ont les défectuosités inhérentes aux travaux des
phases de formation et des périodes de dégénérescence; elles manquent de structure et presque toujours d'harmonie. Personnages, animaux, décors,
accessoires, tout y est d'un dessin ingénu, d'un trait
gauche. Toutefois, quelques figures dégagent de la
vie et, sous les formes disproportionnées, les sil-
houettes imprécises, on devine le désir d'indiquer
un caractère. Les meilleurs ouvrages sont assurément les motifs d'ornementation naturelle et ceux
qu'animent des figures irréelles. Le cimetière de
Domitille est riche en fresques de ce genre, toutes
conçues dans le même esprit que celles de la Grande
Grèce.

Après l'édit de Milan, on continue bien d'orner
les catacombes, mais c'est dans les Basiliques que
se développe l'art de l'Eglise. On se met à décorer
les murailles avec des mosaïques et l'on obtient
assez vite des effets harmonieux autant qu'impressionnants. La plus artiste des décorations du
IVe siècle est celle de l'abside de Sainte-Puden-
tienne à Rome. Un Christ grave et majestueux
l'illumine de son rayonnement. Au milieu de plusieurs personnages, parmi lesquels saint Pierre et
saint Paul, Notre-Seigneur se profile sur un trône
gemmé, bénissant d'une main et maintenant de

l'autre un livre ouvert. Au-dessus du portique qui domine ce groupe, apparaît une éminence sur laquelle repose la croix où brillent des pierres précieuses et, tout autour, les symboles des Evangélistes émergent des nuées.

Cette mosaïque l'emporte de beaucoup sur celles de son temps par son heureux équilibre, sa vie et le mystère qu'elle dégage en dépit des restaurations et des mutilations profanatrices. Enfin elle marque un effort sérieux pour atteindre à la représentation historique en même temps qu'à l'interprétation des physionomies. La figure du Sauveur et celles des deux Apôtres sont écrites avec l'évidente volonté de se conformer à la Tradition. Les autres personnages ont tous un caractère individuel.

Vers la même époque, la sculpture chrétienne, très cultivée depuis l'ère de la paix, affirme sa vitalité au moins par deux œuvres exquises : les statuettes du Bon Pasteur aujourd'hui au musée de Latran. Celui de ces Jésus symboliques qui tient des deux mains les pieds de sa brebis charme particulièrement par sa grâce. Encore très antique, cette figure porte sur sa physionomie l'empreinte d'un esprit nouveau. Et plus typique encore à cet égard apparaît le saint Pierre de la Basilique vaticane. Cette statue a la vie plastique des meilleures sculptures hellènes du crépuscule païen, et en outre elle brille d'une ardente vie intérieure. Sa face rayonne de cette noblesse morale et de cette charité spirituelle qui sont l'apanage des enfants de Dieu. En quel siècle fut-elle créée? On ne sait. Les éléments manquent pour ébaucher l'histoire de la statuaire de la primitive Eglise. Mais peu importe, en somme ; ce *saint Pierre* ouvre une ère, c'est la première statue réellement christianisée. Après ce chef-d'œuvre, les décorateurs des cathédrales françaises et italiennes peuvent paraître.

Au v⁰ siècle, Rome est fort éprouvée par les Barbares, et, après la décoration de l'arc triomphal de Sainte-Marie-Majeure, où se voient une *Annonciation* et une *Présentation* attachantes, l'art de la mosaïque commence de dégénérer. Mais alors il prend son essor à Ravenne où, au siècle suivant, San-Apollinare-Nuovo et San-Vitale reçoivent une magnifique parure. Il y a des influences byzantines dans cette dernière décoration, toutefois elle n'y perd rien, car l'art de Byzance n'était pas encore tombé dans son hiératisme implacable, cette sécheresse dont il ne devait pas guérir (1).

Au viii⁰ siècle, la mosaïque est en complète décadence dans toute l'Italie et elle ne renaît à Rome qu'au xii⁰, sous l'action d'une de ces écoles locales qui s'efforçaient de s'affranchir des formules byzantines et qui préludèrent aux rénovateurs des années 1200. Les décors de la façade et de l'abside de

(1) L'art byzantin se développa, comme l'art romain, à partir du iv⁰ siècle. Il s'inspira de l'hellène dans l'interprétation des figures et de l'oriental dans l'ornementation : peut-être donna-t-il naissance à quelques œuvres pieuses, en tout cas, il n'y en a point, croyons-nous, parmi les mosaïques, les enluminures et les ivoires qui ont bravé les outrages du temps et des hommes. Les meilleures des œuvres connues sont avant tout des décors. Les arts figuratifs furent entravés dans leur développement au viii⁰ siècle par les édits contre les images sacrées et les luttes qui s'ensuivirent ; relevés à la fin du ix⁰, sauf la sculpture, ils retombèrent en inhibition après la prise de Constantinople par les Croisés. L'invasion turque acheva de les ruiner et ils sont en train d'agoniser dans les monastères du Mont Athos.

Santa-Maria del Transtevère montrent un désir déjà très net de revenir au naturel, à la vie.

A la même époque, les artistes français, surtout les sculpteurs, travaillent aussi, et avec une constance inlassable, à se débarrasser des influences étrangères, des méthodes stérilisantes. Peu à peu ils transforment les vieilles traditions en s'appliquant à l'étude directe des réalités sensibles et finissent par générer une nouvelle manifestation d'art au début du XIII⁰ siècle.

Partout alors, chez nous, on rivalise d'ardeur et de goût pour décorer les édifices sacrés. Les tailleurs d'images, dont les dons sont enfin servis par une connaissance solide du métier, peuplent les églises et les chapelles de saints et de saintes aux types expressifs, aux physionomies animées. Chaque cathédrale peut se prévaloir de quelque ensemble d'un grand et touchant caractère : figures des porches nord et sud à Chartres, du tympan gauche de la façade occidentale à Paris, du porche central à Bourges, des façades occidentale et méridionale à Reims et à Amiens, du porche central et du tympan de la porte du transept sud à Strasbourg. Certaines églises, comme celles du Bourget et de Saint-Père-sous-Vézelay, sont également dotées d'œuvres inoubliables, et la Sainte-Chapelle de Paris reçoit une merveilleuse parure. Au surplus, parmi ces figures, quelques-unes, pieusement réalisées, resplendissent ainsi que des étoiles de première grandeur dans un ciel constellé : le majestueux *Christ enseignant* et l'exquise *Vierge dorée* d'Amiens, la *Reine du ciel* couronnée au portail central de Reims, la *Notre-Dame* du portail nord de Paris, la *sainte Vierge* du jardin de Cluny, la *sainte Modeste* de Chartres, l'un des *Apôtres* de la Sainte-Chapelle (original au musée de Cluny). Et beaucoup d'autres se recommandent par leur noblesse morale, leur rayonnante austérité ou leur pureté virginale.

Les peintres, décorateurs du mur et décorateurs du manuscrit, ceux-ci toujours un peu gauches, ceux-là encore bien archaïques, se préoccupent d'humaniser leurs compositions en attendant de pouvoir les spiritualiser. Le décorateur de l'abside de la Maison-Dieu de Montmorillon (Vienne) réussit à rendre sensibles, par un mouvement délicieux de vérité, l'amour maternel et la mystique vénération de Marie pour son divin Fils. Les enlumineurs trouvent quelques gestes dévots et s'appliquent à modeler finement des faces en prière. Les vitraux deviennent fastueux et la plupart offrent des motifs aussi bien ordonnés théologiquement que décorativement. L'ivoirerie s'affine et produit de vraies œuvres, dont une au moins touche l'âme : la *Descente de croix* du Louvre. La sculpture sur bois prend son essor, ce qui nous vaut quelques statuettes charmantes. L'orfèvrerie atteint au style et achève d'embellir les sanctuaires.

Dès le règne de saint Louis, les artistes de France manifestent un sens très vif du christianisme. Il était impossible que tous fussent capables d'exprimer des sentiments religieux ; mais tous concourent du moins, et avec intelligence, à corroborer l'enseignement religieux du clergé. Notre art de la belle période du Moyen Age est tout pénétré de l'esprit de l'Eglise, de sa doctrine, de sa mystique. Grâce à la sagesse de nos théologiens, qui savent conseiller les imagiers sans leur imposer des formules, cet art ne s'égare jamais, même dans ses interprétations les plus libres. Et grâce au génie de nos artistes, il reste vivant jusque dans ses créations les plus symboliques. L'art français du XIIIe siècle est la première floraison originale et pieuse de l'art chrétien.

Tandis que sous le ciel de France, des maîtres, aux noms ignorés mais au souvenir impérissable, créent notre art national, en travaillant pour la gloire du Très-Haut : sur la terre italienne, quelques audacieux de bon sens s'attachent, eux aussi, à représenter les thèmes chrétiens en un langage vivant et délivré de toute influence étrangère. Ce sont le sculpteur Nicolò Pisano, dont la robuste *Adoration*, (Chaire de Sienne) possède au moins un personnage religieux, le mage adorant, le peintre Guido de Sienne, dont la *Madone* de San Domenico montre combien il est difficile de se dépêtrer des entraves d'un poncif, et les mosaïstes Cosmati de Rome bien doués, semble-t-il d'après les vestiges de leurs travaux, pour rendre un visage parlant. Cimabué s'efforce consciencieusement d'assouplir ses figures mais sa vision reste trop hiératique ; ses conseils plus que ses travaux préparent le mouvement libérateur que Giotto commence dans Assise au crépuscule du siècle. D'autres encore ont des velléités de rompre avec le formalisme byzantin, et deux mosaïques des dernières années 1200 présentent, à côté de réminiscences antiques, des parties vivifiées d'une manière personnelle : l'*Adoration de la croix* (Saint-Jean-de-Latran) et le *Couronnement de la Sainte Vierge* (Sainte-Marie-Majeure) du délicat harmoniste Jacopo Torriti. Il s'y trouve quelques figures pieuses, ce sont les plus naturellement tracées.

Pendant que l'art chrétien se transforme en Italie, il s'ébauche dans la Grande-Bretagne et en Flandre.

Dans ce dernier pays, il prend, au xive siècle, un caractère ethnique ; par malheur, on ne saurait l'étudier au point de vue religieux chez ses représentants par excellence, Jean Bandol de Bruges et André Beauneveu de Valenciennes, car, de leurs œuvres considérables, peu de vestiges sont restés. Encore ne peut-on attribuer sûrement au second aucune sculpture (1). Les expressives effigies de la tapisserie de l'*Apocalypse* (cathédrale d'Angers) et la bien vivante image de Vaudétar (Bible du musée Westreenen, La Haye), proclament que Jean possédait de vigoureuses qualités de caractériste, elles n'indiquent point que ce précurseur des interprètes de la physionomie ait été capable de spiritualiser une tête.

Au contraire, les œuvres italiennes de la même époque subsistent en nombre respectable et, dans beaucoup d'entre elles, les artistes se sont élevés au-dessus du plan matériel. Entre tous, Giotto touche l'âme. Il y a quelques délectables interprétations de sentiments religieux dans ses motifs de la Basilique d'Assise, surtout dans ceux de l'église haute où il travailla dès 1296, en pleine jeunesse. Saint François, dans la scène où il reçoit l'ordre de réparer l'église et dans celle où il revêt de son manteau un chevalier tombé dans la misère, a le visage d'une radieuse pureté et l'attitude fort juste. Jésus bénissant son povellero dessine un geste heureux et le saint paraît vraiment en adoration. Ce dernier, dans le paysage où il prêche aux oiseaux, dit les louanges de

(1) D'un autre artiste intéressant, Melchior Broederlam, on ne possède que les volets d'un retable (Musée de Dijon), dont les scènes, très naturellement écrites, ne dégagent aucune piété. La délicieuse vierge de *la Fuite en Egypte* n'est qu'une mère aimante.

Dieu avec une conviction qui ne saurait laisser insensible. Devant Nicolas, il respire le renoncement ; dans la *vision de Grégoire IX*, il est très chevalier du Christ. Le *Noël à Greccio* spiritualise comme un chant de Jacopone. Les Clarisses groupées devant la dépouille mortelle de leur séraphique Père révèlent bien chrétiennement leur vénération et leurs regrets. Girolamo s'assure de la réalité des stigmates avec infiniment de respect et de dignité. Quelques faces recueillies communiquent un reflet céleste aux *Triomphes* de l'église basse, et une sublime Mère du Sauveur surnaturalise la *Déposition de Croix* par l'amour qu'elle irradie.

A l'Arena de Padoue, le motif où Notre-Seigneur comparaît devant les princes des prêtres n'est pas loin du tragique, et quelques personnages d'autres scènes affirment dévotement leur foi : les mages prosternés dans l'*Adoration*, les deux sœurs en action de grâce aux pieds du Sauveur dans la *Résurrection de Lazare* et les deux agenouillés du groupe de gauche dans la *Veillée des verges*. Dans la même chapelle, le maître a su christianiser deux figures allégoriques : l'*Espérance*, par son mouvement de bel envol, la *Charité*, par son geste significatif à souhait. A Santa-Croce de Florence, il a délicatement spiritualisé le Saint-Jean qui s'élève, auréolé d'allégresse, vers le Roi du ciel (chapelle Peruzzi). Et il a immatérialisé une paroi de la chapelle Bardi par son plus réel chef-d'œuvre : *la mort de saint François*. Tout est profondément religieux dans cette page austère et tendre, grandiose par sa simplicité franciscaine ; tout y parle au croyant de la vie éternelle avec un lyrisme sublime, tout y est pour émouvoir même les non-croyants. Une telle évocation doit être admirée à genoux, entre deux prières,

et, pour en pénétrer toutes les beautés, il faut l'étudier
en se remémorant les vers de Jacinto Verdaguer.

La plupart des autres compositions précitées
comptent parmi les meilleures de Giotto, il ne fut jamais mieux inspiré que lorsqu'il interpréta l'histoire
du Patriarche d'Assise ; toutes sont bien vivantes,
bien humaines, même les allégories, car, si leurs personnages ont des structures défectueuses, ils présentent des personnalités très observées, et leurs
actes sont intelligemment caractérisés (1). Et parce
que tout est écrit avec sincérité dans ces pages, leur
esprit chrétien rayonne et attendrit. En créant l'art
italien, le chantre de l'Assisiate dote la catholicité
d'un œuvre tout imprégné de la fraîcheur, de la
candeur et de la grâce pieuse de la *Légende des trois
compagnons* et des *Fioretti*.

Les scènes de la *Passion* du siennois Duccio di
Buoninsegna (Musée de la cathédrale de Sienne), les

(1) C'est également par leurs personnages ainsi figurés,
animés, que valent les autres motifs de Giotto, ceux où il
n'y a de religieux que le sujet. Les mieux interprétés sont,
dans la basilique assisienne : *La mort du chevalier de Celano*
(surtout à cause des attitudes expressives des femmes près
du mourant), *Saint François faisant jaillir une source, Résurrection d'une jeune fille* (surtout à cause du groupe des
femmes à genoux), *Saint François recevant les stigmates*. A
l'Arena : *Joachim et les bergers, La rencontre de la porte d'or*
(embrassade très humaine de saint Joachim et de sainte
Anne), la *Marche nuptiale*, noble, grave, bien décorative, la
Nativité, le *Massacre des innocents*, dramatique sans beaucoup de mouvement (surtout par l'entassement des petits
cadavres) la *Fuite en Égypte*, les *Noces de Cana* (où se
carre un ventripotent maître d'hôtel), *Judas vendant Jésus*
(où le traître est bien typique), le *Christ mort et les saintes
Femmes*. A Santa-Croce : la *Résurrection de Drusiana*, le
Couronnement de la sainte Vierge.

scènes ingénieusement juxtaposées par Pietro Lorenzetti pour évoquer la vie des *Pères du désert* (Campo santo de Pise), la *Commune de Sienne* (Palais public de cette ville) où Ambrogio Lorenzetti a glorifié la paix, la magnanimité, la Justice, la Concorde, sont enveloppées d'une atmosphère chrétienne. Ces trecentisti furent, eux aussi, de pénétrants observateurs. Dans les compositions de Duccio, ordonnées sans goût mais dramatiquement mouvementées, les personnages, surtout les protagonistes, livrent leur âme. Les gesticulations féroces des Juifs réclamant la mort du Juste, la mine dédaigneuse et sceptique de Pilate qui les écoute, l'indignation quelque peu cabotine de Caïphe, l'attitude peuple de la servante qui dénonce Pierre sont d'une vérité saisissante. Dans la fresque de Pietro, les anachorètes au travail se tiennent avec un naturel exquis. D'autres en méditation, en oraison, en adoration, d'autres encore assistant un mourant, et celui qui se confesse, et celui qui donne la sainte communion forment des motifs d'une réalité spiritualisante.

La *Madone entourée de saints* que peignit Simone di Martino pour les Dominicains d'Orvieto ravit par sa tendre piété ; et la *Route du Calvaire* du même (Santa-Maria-Novella, Florence), mal arrangée mais expressive, et la *Déposition de Croix* de Giottino (Uffizi), impressionnante et proche du style, incitent aux actes de réparation. Sur ce retable d'Or-San-Michele (Florence), où l'Orcagna déploya presque tous ses dons, l'imposante *Mort de la sainte Vierge*, dont quelques figures paraissent très vénérantes, appelle les plus respectueux, les plus dévots hommages. Un charme mystique émane du *Saint François* glorifié par Puccio Capanna dans la salle capi-

tulaire de San Francesco à Pistoja. L'archange Ga-
briel du Musée de Cluny, dont on s'occupe peu parce
qu'on ignore quel Pisan l'a sculpté, sera sauvé de
l'oubli par sa face spiritualisée. Et l'on retiendra
l'harmonieux *Couronnement* de Jacobello et de P.
Paolo delle Masegne (San Francesco, Bologne), ainsi
que la *Barque de Pierre* (Santa-Maria-Novella), d'un
giottesque inconnu, surtout à cause du très noble
Père éternel profilé dans le premier de ces motifs et
du très bon Jésus qui secourt son apôtre dans le
second. On reconnaît encore l'esprit religieux dans
la *Mort de Marie* mosaïquée à Sainte-Marie-Majeure
d'après les cartons du vigoureux caractériste Gaddo
Gaddi et dans l'ingénue *Nativité* taillée par Giovanni
Pisano sur la chaire de Pistoja. Enfin c'est bien la
pensée chrétienne qui a inspiré cet incomparable
Triomphe de la Mort du Campo Santo de Pise dont
il faut renoncer à connaître l'auteur.

CHAPITRE II

AU XV° SIÈCLE

Au xvᵉ siècle, l'art chrétien s'épanouit dans mille
cités, dans mille monastères, des rives siciliennes et
des lagunes vénitiennes au littoral de la Baltique,
des Castilles aux Pays-Bas, de la Grande-Bretagne à
la Pologne. Il apparaît comme un splendide jardin
aux fleurs infiniment variées mais toutes d'une même
famille ; dans ses foyers principaux, il est original et

spiritualisant. En maint endroit, les artistes cessent de consulter les théologiens ou de suivre scrupuleusement la Tradition, mais ils s'appliquent à vivifier, et comme beaucoup d'entre eux sont aptes à écrire des physionomies, à révéler des âmes, l'Eglise n'en reçoit pas moins un nombre imposant d'œuvres pieuses ou saturées d'esprit de foi.

La floraison italienne est des plus riches. Ce sont, parmi les scènes : *Moïse recevant la Loi, Jacob bénissant Esaü* et *l'Adoration des Mages* de Ghiberti (Portes du Baptistère, Florence) ; — *le Couronnement* de Luca della Robbia (Monastère de San Bernardino, près Sienne), où se voient une Madone fervente et un saint François très recueilli, la *Nativité* qui décore la partie inférieure de ce bas-relief et celle qu'a modelée le même maître au-dessous du *Jugement Dernier* de San Girolamo ; — l'ascétique *Saint François* du Musée Condé (Chantilly), œuvre mystérieuse que l'on peut attribuer au Sassetta ou à son disciple Sano di Pietro, — la magnifique *Adoration des Mages* de Gentile da Fabriano (Galerie antique et moderne, Florence), — le *Sermon sur la montagne* et la *Crucifixion* (San Marco), la *Descente de croix* et *la mise au tombeau* (Acad. des Beaux-Arts), les *Couronnements* (Louvre et Uffizi), les *Jugements derniers* (Musée de Berlin et Acad. de Florence), *le martyre de saint Etienne* (Vatican), de Fra Giovanni ; — *la Résurrection*, de Masolino (église del Carmine, Florence) ; — l'exquise *Annonciation* (National gallery, Londres) et le *Couronnement*, au groupe central assez bien célestisé (cathédrale de Spoleto), de Filippo Lippi ; — la très délicate *Adoration des Mages*, de Benozzo Gozzoli (Campo Santo, Pise) ; — les *scènes de la vie de saint Fran-*

çois, surtout celle où Girolamo touche les stigmates, sculptées par Benedetto da Majano sur la chaire de Santa-Croce ; — les fines décorations, surtout la très adorante Madone, taillées par Mino da Giovanni pour la cathédrale de Fiesole (chapelle de la sacristie) ; — le *Calvaire* de Mantegna (Louvre) ; — l'*Annonciation* (Spedale degl' Innocenti, Florence), d'Andrea della Robbia ; — le *Couronnement*, bien stylisé de Cosimo Rosselli (Santa Maddalena dei Pazzi, Florence) ; — le *saint Cyrus entouré de saints*, de Borgognone (Chartreuse de Pavie) ; —les *Élus* (notamment le groupe des Anges), de Luca Signorelli (Cathédrale d'Orvieto) ;— la suave *Nativité* (National gallery) ; grandiose *Adoration des Mages* (acad. Florence) et la dramatique *Mise au tombeau* (Pinacothèque, Munich), de Botticelli ; — la belle *Adoration des bergers* (Acad. de Florence), le *Couronnement* (Palazzo comm., Narni) et la touchante *Mort de saint François* (Trinité, Florence), de Ghirlandajo ; — les deux Retables (Vatican) et le Grand Retable (San Niccolo, Foligno) de l'Alunno, où se profilent des Vierges gravement orantes ; — la *Nativité* (Cambio, Pérouse), *la Magdeleine* et le *saint Bernard* (Santa Maddalena de Pazzi), la *Pieta* (Acad., Florence), la *Déposition de Croix* (galerie Pitti), du Perugino ; — l'attachante *Adoration des bergers*, de Lorenzo di Credi (Acad., Florence); — la tendre *Nativité* attribuée jusqu'ici à Fiorenzo di Lorenzo (Pinacothèque, Pérouse) ; — la pompeuse *Adoration des Mages* (Uffizi) et l'affectif *Cenacolo* (Sainte Marie des Grâces), ce chef-d'œuvre d'art psychologique, de Lionardo da Vinci.

Ce sont, parmi les figures : le majestueux Seigneur créant la Femme, *le Saint Mathieu inspiré* (Portes du Baptistère) et le *saint Zénobius implorant Dieu* (Santa-Maria del fiore, Florence), de Ghiberti ; — l'*Espérance* (Baptistère de Sienne), le noble et méditatif saint Jean l'Evangéliste (Cathédrale de Florence) et le saint Antoine du *Miracle de la mule* (Scuola del Santo, Padoue) ; — la *Madone* douce et pieuse de Masolino da Panicale (Acad., Florence) ;— quelques *Anges* et le *saint Jean* de la *Crucifixion* (église des stigmates, La Verna), le *saint François* (id.), le même François de la *Crucifixion* du dôme d'Arezzo d'Andrea della Robbia ; — l'exquise *Nativité* (La Verna) et la très chrétienne *Rencontre de François et de Dominique* (Hôpital Saint-Paul, Florence) attribuées au susdit Andrea ; — l'Ange délicatement spiritualisé qui se tient à droite de certaine *Vierge-Mère* (Musée national, Florence), sortie de l'atelier d'Andrea ; — le *Baptiste* décapité de Giovanni della Robbia (Fonts Baptismaux de San Leonardo) (1) ; — la *Madone au donateur* de Giovanni Bellini (ancienne collection Pourtalès) ; — la candide *Madone aux Anges musiciens* de Benedetto Bonfigli (Pinacothèque, Pérouse) ; — le *Saint Antoine* au cœur enflammé

(1) Quelques figures des Della Robbia ont des attitudes pieuses, mais des faces entièrement terrestres (par exemple, celles de l'Annonciation du Buonconsiglio de Prato, les anges du Lavabo de la Sacristie de Santa-Maria-Novella, le François du *Crucifiement* de La Verna), on ne peut donc les considérer comme des exemples d'art religieux. D'autres figures sont d'une humanité bien pure mais ne manifestent aucun sentiment pieux, telle la *Madone aux anges* du musée national (Florence), tels les anges du Tabernacle de la Sainte Croix à l'Impruneta, l'ange et le Tobie du cloître de Santa-Croce, groupe délicieux d'un adolescent et d'un éphèbe en route pour quelque partie de plaisir.

de Benozzo Gozzoli (Ara Cœli) ; — le fervent *Antoine*
de l'Alunno (Grand Retable de la galerie municipale,
Gualdo Tadino) ; — le même *Antoine*, très ascétique,
très méditatif, de Lorenzo II de Sanseverino (église
Saint-François, Pollenza) ; — le Sarrazin que baptise
saint Jacques dans une des compositions des Eremi-
tani de Padoue et le mage agenouillé de l'*Adoration*
(Uffizi) de Mantegna.

Entre tous les maîtres du quattrocento, — et l'on
sait leur envergure, — c'est sans conteste l'Angelico
qui donne la plus profonde impression religieuse,
qui cause le plus souvent le frisson du divin. Étudier
l'œuvre du doux dominicain qui parvint à la maîtrise en gagnant la béatification, c'est étudier l'art religieux lui-même.

Quoique sa préoccupation dominante ait été d'émouvoir et que son caractère l'entraînât au tragique,
Fra Giovanni fut très réellement un décorateur, un
compréhensif du mur. La *Descente de croix* et la
Mise au tombeau de l'Académie de Florence,
l'*Annonciation* et le *Couronnement* de San Marco
révèlent une bonne entente de l'arrangement, et la
première de ces pages offre en outre un exemple ins-
tructif d'arabesque expressive. Une série de lignes
brisées et abaissées vers la gauche constitue cette
arabesque et augmente ainsi l'impression de douleur,
de tristesse, produite par les figures. Dans l'*Annonciation*, ce sont des attitudes silhouettées en courbes
gracieuses qui ajoutent à l'humilité empreinte sur
les visages.

Les *Saintes femmes au tombeau* (San-Marco), la
Prédication de saint Etienne (Vatican), l'*Ecole du
Bienheureux Albert* (Acad. de Florence) présen-
tent des qualités analogues, et l'on ne saurait nier

l'ingéniosité de l'ordonnance dans le *Couronnement*
. du Louvre, les *Jugements* de Berlin et de Florence,
le *Sermon sur la montagne* de San-Marco (1);
mais toutes ces scènes dépassent la simple harmonie
de lignes, toutes proclament l'ardente piété, l'émo-
tion sincère de leur auteur. Que l'on examine les
Loges et les *Chambres* du Vatican après un péleri-
nage à San-Marco, et l'on comprendra ce qui distingue une scène affective d'une composition purement
décorative.

C'est que la maîtrise de Fra Giovanni se manifeste
surtout dans l'écriture des physionomies et des attitudes. Le Jésus suave et radieux, au beau geste expressif, du *Sermon sur la montagne* (San-Marco), le saint
Jérôme et le saint François de la *Crucifixion* (id.), le
Christ émergeant du tombeau (id.), le *Saint Laurent
devant l'empereur*, simple, abandonné, résolu (Vatican, chapelle Nicolas V), le *Saint Etienne devant
le conseil* (id.), très dignement confesseur de sa foi
par son geste si juste et son maintien, le même saint,
calme sous les pierres qui le déchirent, doux et
ferme, bien en Dieu (id.), la séraphique Madeleine de
la *Mise au tombeau* de l'Académie, les saints à genoux au bas du *Couronnement* de San-Marco (cor-
ridor B, cellule 9), le saint Jean et la sainte Femme
de la *Mise au tombeau* de San Marco, la sainte
Vierge de l'*Annonciation* de Pérouse, celle de la
Fuite en Egypte (Acad. Florence), celle au Bam-
bino de Pérouse, le *Saint Dominique* de la même pi-

(1) Le *Massacre des Innocents* de l'Académie de Florence
qui donne tout d'abord l'impression d'une foule confuse,
est bien le résultat d'un arrangement. C'est une confusion
habilement présentée. Et le *Noli me tangere* de San-Marco
est un bon groupement de deux figures.

nacothèque, — autant de portraits transfigurés ou de figures éloquentes.

.   Dans la *Mort de la Sainte Vierge* (Uffizi), motif par exception mal composé, ce sont quelques physionomies d'apôtres qui constituent l'œuvre ; ce sont les attitudes dans l'*Apparition de saint François* (Musée de Berlin) et plus encore dans la *Rencontre de François et de Dominique* (id.), dont les visages ont été manqués, le plus spiritualisateur des artistes ne pouvant toujours également réussir.

Le maître de Fiesole ne fut pas seulement un intuitif qui bénéficiait d'inspirations merveilleuses, ce fut encore, et dès ses débuts, un très sincère observateur de la vie sous tous ses aspects. La recherche de la beauté se conciliait, en ce visionnaire, avec le respect du naturel, et il apportait un grand soin dans le choix de ses modèles ; d'où l'individualité des têtes qu'il stylisa et cette concordance parfaite entre les expressions faciales de quelques-uns de ses personnages et les sentiments à exprimer.

Qui, mieux que ce très pur, enveloppa de suavité les Anges et de grâce les chairs virginales ? Ses pinceaux ont eu toutes les délicatesses et comme des pudeurs, semble-t-il. Qui, mieux que lui, trouva des attitudes orantes, des regards dépouillés de terrestres passions ? On pourrait citer des groupes où, comme dans le *Sermon sur la Montagne,* tous les personnages paraissent en prière. Mais nulle part, cette intelligence de la figuration psychique ne s'affirme avec plus d'intensité que dans l'admirable *Crucifixion* de San-Marco. Tout ce que la foi suscite de saintes émotions y paraît concentré, et le cœur de notre Bienheureux continue d'y saigner.

Par ce génie qu'il eut de traduire les sentiments pieux en un art humain, Fra Giovanni mérite indubitablement le titre de mystique. Car le mysticisme, en peinture comme en sculpture, ne consiste point à déformer les membres, à élire des types émaciés, des faces maladives ; on le décèle en révélant, par un dessin normal, la ferveur dont rayonne un visage, le saint amour dont s'attendrit ou s'illumine le regard d'une créature en communion avec son Créateur.

L'âme de plusieurs peuples, frères par la race et la foi, palpite et prie en l'œuvre de l'Angelico ; ce qu'il synthétise, c'est bien l'idéal chrétien de la latinité au xv⁰ siècle. Par cet œuvre, notre art religieux atteignit un de ses points culminants ; d'autres allaient porter plus haut son expression plastique, l'interpréter en décorateurs plus grandioses, en exécutants plus habiles ; nul n'eut grâce, comme le saint moine, pour réaliser son expression sentimentale et anagogique, pour le pénétrer de théologie. Sa *Vie de Notre-Seigneur*, le P. Faber l'appelle « le plus magnifique traité de l'Incarnation qui ait jamais été conçu et composé après celui de saint Thomas ». Aussi le nom de Fra Giovanni n'a-t-il rien perdu de sa puissance évocatrice, et la seule épithète d'Angelico en dit-elle toujours plus que tous les livres.

Le florilège des Pays-Bas se recommande par des œuvres d'une humanité saisissante et d'une rare beauté morale. Parmi les scènes : la plus artiste des interprétations de l'Apocalypse, l'inoubliable *Adoration de l'Agneau* (Saint-Bavon, Gand), ce poème où se confondirent dans un même amour les concepts des Van Eyck ; — les *Trois Marie au Sépulcre* (collection F. Cook, Richmond), page attachante

d'un disciple de Jean van Eyck ; — la *Nativité*
(Musée de Berlin), l'*Adoration des Mages* (Pinacothèque de Munich), la *Descente de croix* (Berlin),
le *Christ descendu de croix* (Musée de La Haye), de
l'émouvant Rogier van der Weyden ; — la *Passion*
de Lubeck, si crucifiante par ses groupes expressifs,
surtout par ses saintes Femmes au Calvaire, et plus
encore par sa Vierge dont l'immense désolation se
traduit sans un geste, l'*Adoration des Mages* (Hôpital Saint-Jean, Bruges) de Memling ; — l'*Adoration* d'Hugues van der Goes, dont les bergers sont
rustres mais bien croyants (Santa-Maria-Nuova,
Florence) ; — la naïve *Adoration* de Thierry Bouts
(Munich), où le mage à genoux édifie par sa ferveur ; — la décorative et naturaliste *Adoration* de
Jérôme Bosch (Musée de Madrid) ; — le *Baptême
du Christ,* de Gérard David (Musée communal,
Bruges) ; — l'*Ensevelissement du Christ,* de
Quintin Massys (musée d'Anvers), œuvré en 1508
mais dans l'esprit du xve siècle, drame qui serait
déjà poignant par le seul émoi de ses saintes Femmes
et qui provoque la contrition dans l'âme féale à peu
près comme font les Impropères et les Versets de
l'adoration du Vendredi Saint ; — la grave et char-
mante *Annonciation* de Sainte Madeleine d'Aix-en-
Provence, dont l'auteur avait maintes affinités avec
le maître de Flémalle et Conrad Witz.

Et parmi les figures : la *Sainte Barbe* de Jean
van Eyck (Musée d'Anvers) ; — le *Saint Jérôme en
prière* attribué au même maître (Musée de Naples) ;
— la sainte Médiatrice du *Jugement dernier* (Hôpital de Beaune), de van der Weyden ; — la très
digne et très austère *Vierge-Mère* (Musée Staedel,
Francfort), et la pieuse Marie de l'*Adoration des*

Bergers (Musée de Dijon), du maître de Flémalle ; —
la Vierge-Mère du diptyque Nieuwenhove de Memling (Hôpital Saint-Jean) ; — la Vierge au pieux
maintien de l'*Annonciation* (musée Staedel), de Gérard David, et quelques-unes des figures rangées par
ce délicat artiste autour de notre Reine céleste (Musée de Rouen) ; — les *Christ bénissant*, l'un suave
(Louvre), l'autre austère (National gallery), la *Sainte
Madeleine* au visage pur (Musée de Berlin), de Q.
Massys.

Les maîtres flamands, tous portraitistes insignes,
ont trop souvent réalisé les personnages de leurs
motifs religieux d'après de braves gens d'une dévotion moyenne, c'est-à-dire sans vie intérieure notable,
et ils les ont reproduits trop scrupuleusement (1).
C'est par exception qu'ils sont parvenus à tracer des
physionomies ferventes mais alors, tout en travaillant
avec des soucis de caractéristes minutieux, presque

---

(1) Cela empêche quelques-unes de leurs meilleures
œuvres d'avoir un caractère vraiment religieux. De la
Descente de croix (Musée de Madrid), des *Mises au tombeau*
(Uffizi et National gallery), de R. van der Weyden émane un
deuil immense, mais ce sont des scènes exclusivement
terrestres ; la douleur des personnages n'y est pas sur-
naturalisée, aucun d'eux n'exprime le renoncement, l'abandon à la volonté sainte qui caractérisent le chrétien,
aucun d'eux n'a cette sérénité dans les larmes que donne
la foi en la vie éternelle. On ne relève aucun signe de vie
spirituelle sur la face de bourgeoise satisfaite que van Eyck
a donnée à sa Vierge du triptyque de Dresde, non plus
sur celle de sa Vierge-Mère du Musée Staedel. Certains
personnages de Memling sont graves et dignes comme de
très honnêtes mondains, ils manquent de recueillement
chrétien, tel le *saint Jean à Pathmos*, telles les figures du
mariage mystique de sainte Catherine de l'Hôpital Saint-
Jean.

tous ont dépassé la traduction matérielle des formes.
Memling surtout a vu l'âme sous la chair et l'a ré-
vélée par les yeux.

Les Allemands ont procédé comme les Flamands,
dont l'influence était considérable sur beaucoup
d'entre eux. La plupart de leurs représentations religieuses, en peinture, en sculpture et en gravure,
sont expressives mais terrestres, et souvent triviales.
Quelques-unes ne dépassent pas la scène de genre.
Quant à celles qu'ils ont réussies, elles retiennent par
une piété grave ou par quelque véhémente manifestation de l'esprit de sacrifice. Ce sont : la splendide
Trinité adorée (Musée de Vienne), le *Calvaire* de
la « Passion verte » (Albertina), le *Repos de la Sainte
Famille en Egypte* (gravure bois de la « Vie de Marie »), la noble *Véronique* (gravure) de l'émerveillant
Albrecht Dürer; — le retable de Bartholomé Zeitblom,
aujourd'hui au Musée des Antiq. de Stuttgart, où se
profile une tête de Christ admirablement sereine ;
— l'*Annonciation* de Schaffner (Pinacothèque de
Munich) ; — la terrifiante *Crucifixion* et la lumi-
neuse *Résurrection* (Musée de Colmar), de Mathias
Grünewald ; — la *Sainte Catherine* (National gallery), de Schongauër.

En France, l'art, après avoir traversé une longue
crise de croissance pendant le xiv° siècle, se relève
au xv° siècle, et donne, dans la seconde partie des
années 1400, une très impressionnante floraison
d'œuvres religieuses (1).

____

(1) Il ne subsiste que peu d'œuvres pieuses de notre
xiv° siècle. Les plus typiques sont : le *Martyre de Saint-Denis*
(Louvre), où se fusionnent les éléments flamands et français, et la *Vierge Mère*, gentiment taillée dans le bois, que
conserve l'Union centrale des arts décoratifs. Quoique peint

Retenons, entre les différentes scènes, plusieurs miniatures de cette décoration si prestigieusement réalisée par Jean Fouquet pour les Heures d'Etienne Chevalier (Musée Condé, Chantilly) : l'*Adoration des mages*, où prie Charles VII, dans un décor pittoresque ; *Jésus devant Pilate*, d'une rare vérité psychologique ; la *Crucifixion*, pathétique par l'humanité de ses détails ; la *Descente de croix*, où Marie apparaît admirable d'amour maternel dans le mouvement qui lui fait tendre les bras en avant pour recevoir le corps de son divin Fils ; *Jésus sur les genoux de la Vierge* adoré par une Madeleine de grand style ; la *Mise au tombeau,* où Chevalier s'absorbe dans sa prière ; l'*Ascension*, au Christ majestueux et doux ; le *Couronnement*, où Notre-Seigneur et sa sainte Mère, ineffablement orante, dessinent un groupe imposant et touchant ; l'*Intronisation*, presque grandiose et d'une harmonie ravissante ; le *Martyre de sainte Catherine*, où la jeune élue exprime l'abandon et le recueillement chrétiens avec une grâce infinie. Par leurs beautés visibles comme par le mystère qu'elles dégagent, ces enluminures font de l'ensemble auquel elles appartiennent un inestimable joyau.

Et ce sont encore : le *Couronnement* d'Enguer-

à la fin des années 1300, le *martyre* est encore très archaïque.

Au début du xvᵉ siècle, le maître le plus puissant d'alors, Claus Sluter, batave francisé, crée l'admirable *Calvaire* de la Chartreuse de Champmol sans réussir à en spiritualiser le *Christ* et *les Prophètes*. Pas le moindre sentiment religieux sur ces faces aux caractères moraux si vigoureusement écrits. Ces figures sont à louer en tant qu'interprétations artistes de formes humaines, elles constituent la phase finale de l'adolescence de notre sculpture nationale.

rand Charonton (Musée de l'hospice de Villeneuve-
lez-Avignon), composition harmonieuse et pieuse,
au groupe central bien disposé, au saint François
suave et bien en Dieu ; — la *Pieta* du Louvre, où,
près d'un Sauveur très cadavérique, se tiennent un
saint Jean et un donateur très fervents, œuvre
émouvante que l'abbé Requin attribue à Pierre
Villate (1) ; — la dramatique *Mise au tombeau*
de Saint-Jean-au-Marché (Troyes) ; — l'expressive
Mort de la Sainte Vierge du Musée de Lyon (école
Bourguignonne).

Et parmi les figures : le *Bienheureux Pierre de
Luxembourg en extase*, page exquise d'un délicat
caractériste (Musée Calmet, Avignon) ; — le *Christ*
mélancolique et affectif que Fouquet a vivifié sur
une feuille de vélin (collection Durrieu) ; — le noble
Christ de l'*Ensevelissement* de Solesmes qui, peut-
être, est de Michel Colombe ; — le saint Antoine
ermite, bellement austère, de la partie gauche du
triptyque au *Buisson ardent* composé par Nicolas
Froment (2) (cathédrale d'Aix-en-Provence) ; — la
Sainte Marthe, silhouettée sur le retable de la
même cathédrale ; — deux *Anges* aux postures dé-
votes, à gauche dans la partie centrale du triptyque
de la cathédrale de Moulins (3) ; — quelques *Anges*

(1) Peintre limousin mort à Avignon où il vécut longtemps.

(2) Dans la partie centrale, l'ange retient par son visage
très pur. Caractériste puissant, Nicolas Froment n'avait pas
le sens religieux ; sa *Résurrection de Lazare* est une scène
dramatique exclusivement terrestre.

(3) L'auteur de ce triptyque, le maître de Moulins, compte
avant tout comme portraitiste. Aucune des œuvres qu'on
lui attribue ne porte une empreinte religieuse, pas même
la *Nativité* de l'évêché d'Autun.

peints des Jacobins de Toulouse (chapelle Saint-Antoine) ; — le *Saint Jean* (satuette bois) du Louvre ; — la gracieuse *Vierge allaitant l'Enfant* (statuette pierre peinte) de l'Union centrale des arts décoratifs.

CHAPITRE III

L'ART CHRÉTIEN DU XVIe SIÈCLE AU XIXe

Au siècle de l'humanisme, les œuvres imprégnées d'esprit religieux deviennent très rares partout.

En France, on ne trouve guère à signaler que la *Descente de Croix* de Bourdichon (*Heures* d'Anne de Bretagne) (1).

En Flandre, où les peintres commencent de s'italianiser, un polyptyque incite à la prière : l'*Adoration de la Sainte-Trinité*, de Jean Bellegambe (Douai), mais, par la date de sa naissance comme par sa formation esthétique, son auteur appartient encore au xve siècle.

En Allemagne, il n'y a vraiment qu'Holbein, le

(1) La *Mise au tombeau* du vigoureux caractériste Ligier Richier (église Saint-Etienne, Saint-Mihiel) est sans conteste très poignante mais comme un drame ordinaire. Les compositions chrétiennes de Jean Goujon (Chapelle de Chantilly et Louvre) sont purement décoratives, et le *Jugement dernier*, de Jean Cousin, nous renseigne insuffisamment sur les dons de ce peintre. La *Parabole* de Pinaigrier (chapelle des catéchismes, de Saint-Etienne du-Mont) n'a de religieux que le sujet, et ses autres vitraux ne valent guère que par leurs colorations, encore qu'elles ne soient pas toujours harmonieusement combinées.

maître aux yeux de psychologue, qui réussisse à christianiser quelques figures. Son *Jésus au jardin* souffre d'une manière angoissante (Musée de Bâle) ; son *Christ couronné d'épines* (même Musée), à la face horriblement contractée, ressent en victime volontaire toutes les douleurs et nul vrai fidèle ne le contemplera sans être touché jusqu'aux larmes. Son *Amie de Dieu* (id.) respire une invincible bonté.

Les Italiens, mal inspirés par l'antique, ne surent pas concilier la belle santé du corps avec celle de l'âme. Séduits par les réalités sensibles, ils négligèrent la beauté morale pour celle des formes et ne se soucièrent que de la vie naturelle ; dans les thèmes sacrés, la plupart ne virent que des prétextes à scènes décoratives ou à tableaux dramatiques. Les motifs de la Chapelle Sixtine et la *Dispute du Saint-Sacrement*, compositions magnifiques, proclament le génie profane des prestigieux metteurs en scène, des puissants portraitistes qui les réalisèrent. De même, la *Mise au tombeau*, le *Miracle de la Jambe*, au rayonnant Antoine, l'*Amour sacré et l'amour profane*, du Titien, le *Baptême du Christ* de Sansovino, où le précurseur dessine un geste grandiose, le *Paradis* du Tintoretto, les *Noces de Cana* de Véronèse, la *Vierge en Egypte* et la *Déposition* du Corrège valent par l'arrangement des personnages et les qualités d'exécution. Le *Moïse* de Michel-Ange, en dépit de sa majesté et de son énergie ne donne guère l'impression du législateur des Hébreux ; le virginal saint Sébastien (1) et les plus pures Madones de Ra-

____

(1) Celui que Raphaël peignit pour une bannière de procession (musée national de Citta di Castello).

phaël sont des têtes idéalisées, non pas transfigurées ;
et il en faut dire autant de la très maternelle *Vierge
au coussin vert* d'Andrea Solario et de la robuste
Madone au sac d'Andrea del Sarto. Fra Barto-
lommeo, âme délicate et belle, n'avait pas reçu les
dons nécessaires pour exprimer, au moyen des lignes,
ce que ses méditations lui dictaient. Quant à Cara-
vage et à ses succédanés, ils confondirent la dévotion
avec la sentimentalité théâtrale.

L'artiste religieux du cinquecento, c'est Bernardino Luini, le peintre-poète (1). Une tendre et gracieuse piété rayonne de son *Presepio* de l'église de
Saronno, une pureté liliale illumine sa *Catherine* et
son *Apollonie* de la même église. Ses dons de spiritualisateur s'affirment magistralement dans la fresque
où il a su rassembler, sans nuire à l'harmonie de
l'ensemble, les phases de la Passion (Sainte-Marie-
des-Anges, Lugano). Les saintes Femmes qui sou-
tiennent Marie défaillante forment un groupe des
plus impressionnants et la Magdeleine est admirable.
Dans sa *Déposition de croix* de la Chiesa della Pas-
sione (Milan), notre Mère exprime une compassion infinie et la sainte amie de Notre-Seigneur apparaît
hautement chrétienne.

L'Espagne, où les artistes subissent encore des influences étrangères, donne sa première floraison
d'œuvres à caractère religieux : *L'enterrement de
saint Étienne* (Prado), du dévot Vicente Joanès, le
Christ à la colonne (San-Isidro-el-Real, Madrid), de

---

(1) Ses vers sont perdus, mais ses meilleures œuvres
peintes, toutes harmonieuses et lyriques, enchantent comme
des poèmes.

Luis de Moralès, le *Baptême du Christ* (Prado), de
Fernandez Navarrete.

L'époque suivante offre un plus bel exemple de pages
chrétiennement inspirées et de figures spiritualisées.

C'est, en Hollande, quelques œuvres de l'enchan-
teur Rembrandt : le *Christ guérissant les malades*,
auréolé d'un ineffable amour, les *Trois Croix*, où
dans un bel effet de lumière le divin Sauveur semble
attirer déjà tout à Lui, le *Christ* méditatif de Buckin-
gam-Palace, le père dans *l'Ange quittant Tobie*
(Louvre), la femme, si fervente, dans la *Prière de Ma-
nué* (galerie de Dresde), *le pèlerin en prière* (collection Weber, Hambourg), le *saint Jérôme en prière*
(Louvre), étude à la sanguine pour un tableau disparu,
le *Christ guérissant un aveugle* d'un geste de tendre
charité (dessin plume, Musée de Rotterdam), la
famille de Tobie et l'ange (dessin plume, Albertina).

C'est en Flandre : *L'érection de la Croix*, au
Christ très hostie de réparation, rayonnant de man-
suétude et de pardon, de Van Dyck (Notre-Dame de
Courtrai), et, du même maître, la suave Vierge-
Mère de la collection de Lady de Rothschild (1). En
France : *les Aveugles de Jéricho*, de Nicolas Poussin
(Louvre), le *Christ mort* de Philippe de Cham-
paigne (id.), *Saint Bruno en prière* et la *mort* de ce
saint de Lesueur (id.). En Espagne : la sainte *Marie
l'Egyptienne* de Ribera (Musée de Dresde) ; *l'Adoration des Mages* et *l'Adoration des bergers*, de Zur-

______

(1) Rubens n'a pas fait une seule œuvre entièrement pé-
nétrée de piété ; il a du moins trouvé quelques attitudes
pieuses, entre autres celle du mage agenouillé dans l'*Adoration* du musée d'Anvers.

baran (galerie San-Telmo, Séville), *le saint François en prière* (Pinacothèque, Munich), de Zurbaran ; le *Christ en Croix* et *Saint Antoine visitant l'ermite saint Paul*, de Vélasquez (Prado) ; le *Saint Bruno* (Cartuja de Grenade), le *Saint François* (cathédrale de Tolède), la *Mort d'un Franciscain* (San Fernando, Madrid), d'Alonso Cano ; le *Christ et saint François* (Musée provincial, Séville), *Saint Antoine de Padoue* (id.) et *Notre Seigneur en croix* (Prado), de Murillo ; le prêtre qui élève l'adorable Hostie dans la *Santa-Forma* de Claudio Coëllo (sacristie de l'Escurial).

Mais au xviii° siècle, la matérialité l'emporte décidément sur le spirituel, et des virtuoses sans inspiration paganisent les sujets religieux ; puis, à l'âge de la pseudo-mythologie, succède l'âge du faux classique et, s'il ramène les artistes à plus de dignité, il leur impose, par malheur, un formulaire qui les empêche de se montrer émus.

Dans la première moitié du xix° siècle, les artistes allemands groupés autour d'Overbeck, — les Nazaréens — ne produisent guère que des compositions froides ou vaines parce qu'ils n'étudient pas la vie et ne savent pas lire les principes immuables, les normes, dans les œuvres du passé qu'ils prennent pour modèles. En voulant trop styliser les traits de leurs figures, la plupart d'entre eux les privent de personnalité et de vie intérieure ; en cherchant à donner aux attitudes et aux ordonnances une grandeur surhumaine, ils les rendent fâcheusement solennelles ou théâtrales, le plus souvent sans caractère expressif. Malgré son ardeur de converti, Friedrich Overbeck ne spiritualise que très peu de scènes, entre autres le *Portement de croix* (galerie de Dresde) et la *Nativité* de la série des dessins.

Toutefois, on doit saluer la mémoire de ce peintre ainsi que celle de Henri de Hess, de Kock, de Vogel, des de Vert, de Schadow, d'Eggers, de Schnorr, de Führich, dont les efforts furent considérables. Tous mirent leur idéal très haut et peut-être l'auraient-ils atteint s'ils avaient bénéficié d'une meilleure formation esthétique. (1)

Dans la seconde moitié du siècle, en Angleterre, les moralisateurs de la peinture, en procédant d'une manière tout autre que les Nazaréens, n'obtiennent pas un meilleur résultat. Le préraphaélite Holman Hunt parvient à sortir de la sèche prédication et de l'idéologie dans le *Triomphe des Innocents* (Walker art gallery, Liverpool) ; mais ni Madox Brown ni D. G. Rossetti, ni Watts, malgré leurs vifs désirs et leur noble talent, n'arrivent à pénétrer les âmes de saintes émotions. Et Burne-Jones, dont les œuvres rayonnent une si pénétrante poésie, ne réussit à spiritualiser vraiment que sa *Nativité* de S^t. Michaël à Torquay.

En Allemagne, seul, Fritz von Udhe, élève l'âme par sa très humaine *Nativité* de la galerie de Dresde, où tout porte le caractère d'un terroir germanique : les bergers et le paysage, la chaumière présentée à la place de l'étable, les fillettes de l'école qui figurent les Anges. Quant aux Bénédictins de l'école de Beuron, tout préoccupés de mesures, de proportions significatives, comme certains Hellènes de l'antiquité, et du reste en pleine période de recherches, ils n'ont encore montré que des œuvres purement décoratives, comme les fresques du Monte Cassino.

(1) La *Mater dolorosa* de Schadow (église de Dülmen, Westphalie) ne manque pas de noblesse, mais quelle froideur !

En Belgique, une figure incite intensément aux actes de réparation et d'amour : l'*Ecce Homo* du très expressif Constantin Meunier ; et une scène retient par sa gravité religieuse : *la Présentation de Jésus*, peinte par Ernst Wante pour l'église des Filles de la Charité d'Eecloo.

En France, dès les années quarante, on trouve à composer un remarquable spicilège d'œuvres imprégnées d'esprit chrétien.

Parmi les scènes : la tragique *Pieta* d'Eugène Delacroix (Saint-Denys-du-Saint-Sacrement, Paris) ; — *le Martyre de saint Etienne* (église de ce saint, Paris), l'*Intercession maternelle* (Marie implorant Notre-Seigneur) et le *Sursum corda* de la série du « Poème de l'âme » (Saint-Tropez), le *mariage de saint François et de la pauvreté* (ancienne chapelle des Franciscains de Vaugirard) et le *Purgatoire* (collection Thiollier, Saint-Etienne), que l'on doit à Louis Janmot, le délicat styliste trop oublié ; — la *Nativité et l'adoration des Mages* d'Hippolyte Flandrin (Saint-Germain-des-Prés) , — l'*Assomption* d'Amaury Duval (Saint-Germain-l'Auxerrois) ; — l'*Angélus*,de Millet ; — les *femmes en prière*,d'Alphonse Legros ; — le *Calvaire aux deux larrons* et le *Martyre de saint Sébastien*, de Gustave Moreau (Musée de ce maître) ; — *L'enfance de sainte Geneviève*, de Puvis de Chavannes (motif central, Panthéon) ; —la *Résurrection des corps*,le *Daniel dans la fosse* (chapelle Sainte Rosalie, Paris),le *Saint-Martin enseignant* et les émouvantes stations IX et XI du *Chemin de la Croix*,de Saint-Martin (rue des Marais), *Laissez venir à moi les enfants* (Notre-Dame-de-Lorette, chapelle des catéchismes), du spiritualisant Félix Villé ;— *le Christ et les disciples d'Emmaüs*

(quatre compositions), l'*extase de saint Thomas,
la guérison des aveugles,* de Paul Borel (collège
Saint-Thomas, Oullins) (1) ;— le *saint François prêchant aux poissons,* de Luc-Olivier Merson ; — la *Vision de la sainte Vierge* de l'impressionnant sculpteur
Louis Castex ;— la *Première communion* (plaquette)
du bon médailleur Yencesse.

Parmi les figures : les *Vierges-Mères* d'Oudiné
(Saints Gervais et Protais, Saint Ambroise, Paris) ;—
le *Saint Vincent de Paul* (Saint-Sulpice) et le *Bienheureux Vianney,* de Cabuchet ; — le *saint Joseph*
(Basilique d'Ars), la *Sainte Philomène* (Plateau des
Dombes), le *Saint Vincent* (église de ce saint, Lyon),
les *Anges* de l'Adoration Réparatrice (Lyon) de Charles
Dufraine ; — le *Christ en croix,* de Just Becquet ;
— le *Mgr Darboy,* de Bonnassieux (Notre-Dame de
Paris) ; — la *Jeanne d'Arc,* de Paul Dubois (Parvis
de Reims) ; — la gentille *Geneviève* que Chapu a
représentée près de Saint-Germain (Panthéon) ; —
la *Jeanne d'Arc à genoux,* de Frémiet ; — la
Sainte Geneviève en oraison, de Puvis de Chavannes (Panthéon) ; — le petit *Saint Jean en
prière,* de Dampt (Luxembourg).

Les apogées de l'art chrétien, on le comprend
d'après ce qui précède, ne tiennent donc pas plus à
l'exaltation du sentiment religieux que ses décadences
à l'anémie de ce sentiment. Une époque de foi vive
fera toujours pulluler les interprètes de sujets sacrés ;
cela ne suffit point, le xvii° siècle nous le prouve,
pour qu'il en résulte force pages spiritualisantes.
Par contre, de telles pages peuvent fort bien abonder

(1) La chapelle de ce collège, où se trouvent les décorations de Borel, est l'un des chefs-d'œuvre de Pierre Bossan,
le génial rénovateur de l'architecture religieuse, l'admirable
maître auquel la postérité rendra pleine justice.

pendant une ère de scepticisme actif comme celle du siècle dernier. Certes, l'épanouissement d'un art a des causes mystérieuses ; mais il en a d'autres aussi qui n'échappent point à l'analyse.

Les peuples des régions où naquirent, au xv° siècle, tant d'œuvres d'une dévotion touchante, étaient-ils plus pieux que leurs ancêtres des deux âges précédents ? Point du tout. Ils étaient plus affinés, plus sensibles aux harmonies de la plastique, et leur moralité n'y avait rien gagné, voilà ce que nous indique l'histoire. Mais leurs artistes, mieux formés, bénéficiaient en outre des efforts, des travaux de leurs devanciers ; rien ne les empêchait plus, matériellement, de bien traduire leurs conceptions. Quelles œuvres pouvaient réaliser, dans une époque encore barbare, saint Eloi et le moine Lazare, Tutilon le Bénédictin de Saint-Gall, et Bernward l'évêque d'Hildesheim, saint Dunstan et Betton d'Auxerre, Hugues, l'abbé de Moustier-en-Der et Guillaume, l'abbé de Saint-Bénigne de Dijon ? De quelle exécution étaient-elles capables les Abbesses de Landsperg et de Niedermünster, qui vivaient en un temps où les miniaturistes procédaient d'après un système de formules ?

Il faut des phases de tâtonnements et de travaux multiples pour fournir des éléments aux artistes en état d'œuvrer. Les écoles fondées par les Chartreux et les Bénédictins, les foyers artistiques de Solignac, de Saint-Gall, de Richenaw, de Saint-Sauveur, furent les préludes des maîtrises d'où sortirent les décorateurs des cathédrales du xiii° siècle. L'architecture et la sculpture de France eurent pour berceau commun la vénérable Abbaye de Cluny, si tristement transformée aujourd'hui.

D'autre part, les génies sont aussi nécessaires

pour préparer les voies que pour embellir les sommets.
En Italie, Cimabué avait commencé une réaction sa-
lutaire contre le byzantinisme ; mais, sans Giotto, le
mouvement de retour à la nature s'accentuait-il, et,
sans Masaccio, se conciliait-il avec le style ? Les Orcagna et les Lorenzetti ont rendu possible un Ghirlandajo et un Mantegna ; Michel-Ange doit assurément
beaucoup à Jacopo della Quercia et l'on peut dire de
Verrochio qu'il a engendré Perugino et Lionardo.

Quels que soient sa ferveur et son idéal, un artiste
ne peut accomplir une œuvre s'il ne possède la connaissance approfondie de son art et cette puissance
d'imprégner la matière d'indicible sans laquelle le
talent se résume en de la virtuosité. Est-ce parce
qu'il dépassait en sainteté Fray Nicolas Boras que le
maître de Fiesole a chef-d'œuvré, tandis que le hyé-
ronimite espagnol ne réussissait pas à communiquer
un peu de son âme à sa peinture ? Evidemment non.
Catherine de Bologne a été canonisée ; or, nulle tradition ne nous dit que ses miniatures aient jamais été
estimées au-dessus de celles que peignit Fra Benedetto, le frère de l'Angelico. Enfin nul n'a contesté
les vertus religieuses des derniers moines-artistes qui
aient conquis une réputation et cependant aucun d'eux
ne s'éleva au-dessus de l'estimable (1). Ce qui leur

(1) Ce furent, en Italie, avec les F. Benedetto et Barto-
lommeo (Baccio della Porta), Jérôme Fiormi et le camaldule
Lorenzo Monaco ; en Espagne, le Carme Adriano, les F.
Felipe, Andrès de Léon, Martin de Palencio et Julien de la
Fuente del Saz. Fray Felipe travailla à la décoration du
Missel en six volumes, qu'offrit à la cathédrale de Tolède
le cardinal Cisneros en 1518 ; les autres *illuminadores*
collaborèrent à la décoration des livres de chœur de l'Escurial exécutée sous Philippe II. Adriano, élève de Cespédès,
exécuta des tableaux.

fit défaut, ainsi qu'à Cespédès, autre bon catholique.
c'est ce que possédait si bien Fra Giovanni : le complet
développement des dons de créateur en plastique et
l'étincelle qui les anime.

De même qu'après les longues périodes d'élabora-
tions laborieuses apparaissent les réalisateurs puissants ; de même, après le règne de ces privilégiés,
viennent les périodes d'épuisement, de marcescence.
C'est une de ces périodes que traverse l'art chrétien
aujourd'hui. La plupart des nations de l'Europe ont
enfanté tant de générations d'artistes qu'il leur faudra
des siècles peut-être avant de redevenir fécondes.

CHAPITRE IV

L'ÉPUISEMENT ACTUEL

Dans tous les milieux où l'on se pique d'avoir du
goût et d'aimer la beauté, il est de bon ton de déni-
grer l'art religieux moderne. Avec ironie ou dédain,
on en relève les défauts ; souvent même on lui en
prête qu'il n'a pas. Les uns instruisent son procès,
d'autres font sa caricature. Par-ci, par-là, des gens
qui passent pour avertis annoncent sa dégénérescence ; en certains endroits, on assure qu'il a déjà
cessé d'exister. Nulle part, on ne se préoccupe des
moyens de le relever, et cela ne saurait surprendre;
il est plus facile de lancer des brocards que d'indiquer
des réformes pratiques, et les railleurs sont autrement
plus encouragés chez nous que les rénovateurs sérieux. Combien, d'ailleurs, parmi ceux qui seraient
capables de tracer un programme de rénovation artistique, combien s'intéressent à l'art pour Dieu !

Mais qu'y a-t-il au juste de vrai dans les allégations de ceux qui dénoncent l'inquiétante débilité de notre art religieux ? Tout d'abord essayons de ruiner une confusion des plus préjudiciables à cet art. Depuis longtemps, les adversaires de la religion s'ingénient pour persuader au public que la fabrication commerciale des figures et scènes religieuses, des objets cultuels et des images de piété relève de l'art sacré, est l'une de ses branches ; chose qui surprendra plus tard sans doute, ils sont parvenus à faire accepter comme exacte par les catholiques mêmes cette assertion effrontée.

Assurément, si l'on considère comme autant de manifestations artistiques les moulages d'après modèles de fabricants, les peintures d'après poncifs, l'imagerie obtenue par procédé mécanique, le mobilier confectionné à la grosse, tout ce que nous devons de plastique et de chromatique au développement de l'industrie ; assurément, notre art religieux se meurt de la plus triste manière. Mais procéder ainsi, c'est tout simplement déraisonner. Cela équivaut à juger notre art profane d'après les plâtres et les terres cuites des Magasins de nouveautés, les tableaux et les chromos des bazars, les illustrations des journaux à bon marché, les *bois* des catalogues de commerçants et des brochures de propagande. Cependant personne ne paraît s'en douter ou n'ose le proclamer. Chez les indifférents comme chez les incroyants, on accepte toujours les yeux fermés tout ce qui, de près ou de loin, peut nuire à l'Eglise. Chez les catholiques, beaucoup sont disposés, malgré tant de leçons, à gober avec confiance les nouvelles répandues par quiconque jouit de quelque notoriété ou pose avec aplomb pour être bien informé. Aucun de ces trop crédules coreligionnaires ne comprend, semble-t-il, que croire sans contrôle à l'agonie de notre art religieux, c'est faire le jeu des anti-chrétiens, lesquels ne manquent jamais d'attribuer ce dépérissement à la perte de la foi. Nul ne se soucie de se montrer seulement équitable en se livrant à des recherches, en consultant des esprits renseignés. Certains arrêtent encore l'art sacré à la fin du Moyen Age, et d'autres craignent de passer pour cléricaux en défendant contre le persiflage des habitués des « Salons » une œuvre chrétienne même très intéressante, du moment qu'elle appartient à notre époque.

Ainsi s'est formée et accréditée une légende qui, en englobant des produits pseudo-artistiques sous la dénomination d'ouvrages d'art religieux, représente cet art plus malade qu'il ne l'est en réalité. Il importe donc de travailler à détruire cette légende exploitée par les impies avec leur adresse ordinaire, de réagir contre le courant d'esprit qu'elle a déterminé. Il faut amener les fidèles, y compris les moins cultivés, à se convaincre que l'imitation des œuvres artistiques par les moyens les plus perfectionnés de l'industrie moderne n'a pas le moindre rapport avec l'art ; que la catégorie d'ouvrages appelée communément la « Saint-Sulpicerie » et la pacotille des « Jeanne d'Arc » exécutées à plusieurs milles ne peuvent pas plus se rattacher à la peinture et à la sculpture sacrées que la camelotte des cantiques vulgaires à la poésie.

Sans doute, au Moyen Age, on produisit force images et objets religieux pour les fidèles des classes laborieuses ; et nul ne conteste le caractère d'art de ces travaux, que se disputent conservateurs de musées et possesseurs de collections. Mais entre la production populaire des XIIe, XIIIe, XIVe et XVe siècles et

la fabrication industrielle des temps modernes, que
de notables différences! Le meilleur produit de l'industrie, par cela même qu'il est dû à un procédé mécanique, ne saurait avoir qu'exceptionnellement un
caractère d'art. Il n'en possède un que s'il reproduit
quelque modèle harmonieux et original, ce qui
n'arrive pas souvent. Certains arts décoratifs sont
parfois appelés arts industriels ; l'expression, quoique
sonnant mal, peut à la rigueur s'accepter, mais il ne
s'ensuit nullement que toute production industrielle
de décor mérite le titre d'artistique. Une peinture,
une broderie exécutées impersonnellement d'après un
poncif sont tout le contraire d'une œuvre d'art. Un
moulage, une image gravée, s'ils reproduisent une
œuvre véritable, participent au moins de la vie de
cette œuvre, et, s'ils n'impressionnent pas comme
elle, ne laissent pas d'intéresser vivement ; mais s'ils
ne reflètent qu'un modèle banal et artificiel, un cliché
sans goût ni grâce, ils n'ont pas plus de valeur esthétique qu'un article de manufacture. Ce n'est pas
parce qu'une statue de plâtre a de grandes dimen-
sions, une pose visant au style ou une draperie si-
mulant la recherche qu'elle s'apparente aux sculptures des artistes. Un tel ouvrage est aussi éloigné
d'une œuvre que le comédien chargé d'un rôle de
héros ou de noble caractère l'est du type qu'il essaye
d'incarner sur la scène. Plus l'ouvrage commercial
émet la prétention de se rattacher à l'art, plus il
singe l'œuvre, et plus il dévoile les tares de sa structure, la vulgarité de son origine, plus il accuse son
irrémédiable infériorité. Ainsi le demi-ignare qui
s'efforce de jouer au savant, le sot qui affecte des
airs de penseur, le bélitre qui se donne des grâces
de bel esprit, le rimailleur qui s'applique à se mé-

tamorphoser en poète. Vainement essayent-ils de
tromper sur leur valeur réelle, ceux que l'insuffisance
de leurs dons, leur manque d'intelligence ou d'énergie condamnent à rester dans l'*inops* : on ne contre-
fait impunément ni le génie ni la noblesse morale.
Dans les ateliers des Abbayes et des corporations,
l'imagier, quoique astreint à suivre maintes règles
et à répéter quelques formules, pouvait néanmoins
procéder avec une certaine initiative, et s'il avait une
individualité, rien ne l'empêchait d'en imprégner la
matière qu'il façonnait. Nul ne trouvait mauvais, bien
au contraire, qu'il imprimât un type à ses bons-
hommes, qu'il interprétât le moindre rien avec ori-
ginalité. De là, l'intérêt de tant de figurines, de
miniatures, d'objets et de décors. Toutefois, n'exagé-
rons pas la valeur des petits ouvrages religieux exé-
cutés au Moyen Age, même de ceux qui datent de l'ère
des grandes cathédrales. Il s'en faut que tous puissent
être classés parmi les œuvres d'art. Beaucoup sont
sans caractère, sans formes viables, et se ressemblent
lamentablement comme s'ils avaient été taillés par
le même individu d'après un canon implacable. En
outre, la plupart affligent par leur trivialité. Les
ateliers de la Chaise-Dieu et de Paris n'ont pas livré
que des chefs-d'œuvre.

Au temps où l'on édifiait les beaux livres de pierre
à Chartres, à Paris, à Bourges, à Reims, à Amiens,
à Beauvais, à Rouen, le pays était encore inondé
d'affreux magots disproportionnés, de « tableaux
cloants » aux scènes sauvagement taillées, de plates,
de vulgaires enluminures. A côté des imagiers du
xiiie siècle qui sculptèrent dans l'ivoire la *Madame
la Vierge*, le *couronnement de Marie*, le *Christ
descendu de la Croix* aujourd'hui au Louvre, et,

dans le bois, des statuettes comme l'*Ange* du même
musée ; à côté des enlumineurs qui décorèrent
l'*Evangéliaire* de la Sainte Chapelle, le *Psautier* de
Saint-Louis, le *Livre du Trésor* maintenant à la
Bibliothèque nationale ; à côté de ces maîtres ès-arts
intimes, qne de goujats gâchèrent la matière qui
leur était confiée ! Entre les œuvres précitées et
l'imagerie qui appartient à la production courante de
la même époque, il y a la même distance qu'entre
les figurines en bois de cette Passion d'un tyrolien
inconnu que l'on voit dans l'église de Kreutzlingen
et les jouets sommaires de Nuremberg, entre les motifs
composés par Walter Crane pour les enfants et les
gravures coloriées à la mode d'Epinal. De Louis le
Gros à Louis XII, on fabriqua des « pieuseries » qui,
pour intéresser parfois en leur laideur, ne valaient
certes pas mieux au point de vue esthétique que la
Saint-Sulpicerie moderne. De tout temps, il y eut
une fabrication d'ouvrages plastiques à bon marché,
et toujours et partout elle fut pitoyable. La plupart
des reproducteurs d'images de divinités, des décorateurs de stèles et des peintres de vases de la Hellade
antique avaient les défauts de nos anciens artisans.
C'étaient des exécutants populaciers ou rustauds,
des ouvriers sans personnalité attachante. On se
tromperait étrangement en croyant que l'Attique eut,
dans sa période de splendeur, des centaines de sculpteurs capables de créer ou de réduire d'après une
statue, pour les coroplastes, d'exquises figurines
comme la *Danseuse voilée* de Tanagra.

Ceci dit, et la production industrielle étant laissée
de côté, on doit reconnaître que notre art religieux,
considéré dans son ensemble, est en effet en décadence. Depuis d'assez longues années, le nombre a

diminué des peintures et des sculptures qui repré-
sentent dignement des personnages ou des sujets
sacrés et dégagent de la spiritualité. D'autre part,
les œuvres les plus remarquables en tant qu'interprétations catholiques ne sont pas toujours d'une réalisation proche de la maîtrise. Mais quand donc ont-elles
été nombreuses, les fortes œuvres à la fois imprégnées
de piété et d'art ? Aux plus belles époques, les chefs-
d'œuvre religieux n'ont-ils pas toujours été entourés
d'une foule d'ouvrages uniquement notables pour
leurs qualités artistiques ? Les saints ont-ils jamais
été quelque part la majorité dans l'Eglise, les génies
dans le monde savant ou le monde littéraire ? On a
vite compté ceux de nos artistes en qui se recon-
naissent les signes avérés de la maîtrise, on aurait
tôt fait de grouper ceux qui savent ce qu'est vraiment
le catholicisme et en quoi consiste la véritable piété !
Mais, seuls, ces derniers ont qualité, forts ou non
au point de vue technique, pour représenter l'art religieux. Et c'est ce qu'oublient les détracteurs de
cet art lorsqu'ils le condamnent à cause des peintres
qui traduisent l'Ecriture en tableaux de genre, des
sculpteurs qui accolent à des figures quelconques les
noms de Jésus, de la Vierge, de tel ou tel saint, des
multiples exposants qui, chaque année, exhibent,
sous des titres bibliques, maintes choses à côté :
vaines parades de virtuosité ou navrantes redites au
dessous de l'estimable.

Etudiez les représentations religieuses que les esprits compétents signalent comme dénuées d'intérêts,
vous constaterez sans peine qu'elles émanent de professionnels habituellement adonnés aux thèmes pro-
fanes et incapables de transformer leur manière pour
traiter des thèmes sacrés. Les uns ont abordé ces

derniers thèmes pour satisfaire à une commande —
que des fidèles conscients du rôle de l'art ne leur
auraient pas faite ; — les autres, pour leur propre
plaisir d'exécutant, certains sujets leur offrant un bon
prétexte de déployer leur savoir ou leur habileté.
Pas la moindre conviction dans de tels ouvrages, pas
la moindre intelligence du sujet à développer. On y
chercherait en vain une âme. Si le public leur accorda
quelque attention, cela tient sans doute à ce que la
plupart portent des signatures officiellement estimées
l'espace de quelques matins. C'est, en somme, d'après
les ouvrages sans piété et souvent sans art des
Blondel, des Guérin, des Picot, des Guillemot, des
Destouches, des Lordon, des Pujol et de leurs succédanés, que l'on juge depuis cinquante ans, ou plutôt
que l'on condame sans jugement, notre art chrétien.

Cette faute, les adversaires du Christ, qui peut-être
bien l'ont fait commettre aux fidèles, n'ont pas
manqué de l'exploiter, et il faudra du temps pour
détruire les effets de leurs manœuvres. Et, cependant,
il est de toute évidence que, pour juger avec équité
le cas en litige, il importe de distinguer entre les
indifférents qui tentent, pour des raisons d'ordre exclusivement terrestre, la représentation historique
ou l'interprétation symbolique des thèmes sacrés, et
les croyants qui s'efforcent de figurer en chrétiens ces
mêmes thèmes, de spiritualiser leurs travaux dans
le désir de collaborer à la gloire de la religion et de
son divin Fondateur. Or, des artistes doués pour réaliser des œuvres foncièrement religieuses, il y en eut,
au xixᵉ siècle, une phalange admirable, on vient de le
voir, et il y en a quelques-uns encore aujourd'hui.
Si les plus typiques d'entre eux ne sont pas connus du
grand public, soit parce que, tout à leurs décorations

d'églises, ils n'exposent jamais, soit, parce qu'à cause
de leur jeunesse ou de leur modestie, on ne parle presque pas d'eux, en existent-ils moins ? Et peut-on ar-
guer de leur petit nombre pour prédire la fin de
l'art religieux ? Evidemment non, ce serait user d'un
raisonnement faux. La force d'un art, en effet, ne
dépend point de la *quantité* de ses interprètes. Un
Delacroix, un Millet, un Carpeaux, un Puvis de Chavannes, un Gustave Moreau suffisent pour vivifier
une manifestation d'art. Notre art sacré n'a pas actuellement de maîtres de cette envergure ; toutefois,
s'il traverse une phase d'épuisement, son inhibition
ne ressemble en rien à une agonie.

CHAPITRE V

LES MOYENS DE RELÈVEMENT

Examinons maintenant quels peuvent être les
moyens pratiques de rendre à cet art un peu de dy-
namogénie. Lorsqu'on se livre à l'étude comparée
des représentations religieuses à travers les âges dans
tous les pays chrétiens, on est frappé du peu d'expressions pieuses qu'elles offrent. Même chez les interprètes compétents, les faces à rayonnement spirituel sont en minorité. Chez les autres, et les plus
éminents, alors que les scènes bien composées, les
figures bien construites sont légion, on peut compter,
dans chaque siècle, les physionomies qui laissent
deviner l'amour d'une créature pour son Dieu, voire
les attitudes franchement ferventes. Des maîtres
doués à souhait pour interpréter des sentiments,
écrire des expressions faciales, révéler des caractères
moraux, ne sont arrivés à donner une impression

religieuse que dans deux ou trois œuvres ; plusieurs
même n'y parvinrent jamais. Nous voilà donc forcés
d'admettre que les uns ne savaient pas choisir autour
d'eux les visages qui manifestent des phases de la
vraie dévotion et que les autres n'avaient pas reçu le
don de spiritualiser. Et c'étaient des maîtres !

Certains se trompèrent lourdement dans la représentation de quelques saints. Nous en avons d'ins-
tructifs exemples, entre autres : le *David* (campa-
nile de Florence) et le *Précurseur* (Musée de Berlin),
de Donatello, l'*Augustin* (Ognissanti), de Botticelli,
le *Joseph* (Dresde), de Mantegna, le *Jean-Baptiste*
(Louvre), du Vinci, la *Catherine* (Bâle), de Holbein.

Les artistes de la seconde hiérarchie, parmi lesquels se trouvent tant d'interprètes impressionnants,
n'ont pas été plus heureux. Quelles faces la plupart
ont infligées à Notre-Seigneur, à la Vierge, aux saints
et aux fidèles en prière ! Ils ont traduit la sérénité
chrétienne par une béatitude niaise ; la ferveur, le recueillement par des mines ahuries ou abruties, l'austérité, le renoncement par des visages moroses ou té-
moignant de la sécheresse de l'âme, l'adoration par
un air de pruderie ou d'afféterie. Presque tous ont
confondu la spiritualité avec la dévotion extérieure.
C'est par suite d'une rencontre fortuite, d'une heureuse aubaine, dont peut-être ils ne sentirent pas tout
le prix, que plusieurs ont illuminé leurs groupes de
quelques têtes spiritualisées — purs diamants au milieu de happelourpes. En général, ils sont tombés
dans mille solécismes fâcheux, dont le moindre est
que leurs personnages agenouillés se tiennent en co-
médiens auxquels manque l'intelligence de leur rôle.

Ces fautes, nos modernes, à quelque groupe qu'ils
appartiennent, les répètent constamment. Il paraît

donc incontestable que les expressions les moins familières aux peintres et aux sculpteurs sont celles de la piété. Les plus remarquablement renseignés sur les manifestations de la vie extérieure distinguent mal les signes de la vie intérieure. Il faut par conséquent leur apprendre à reconnaître ces signes.

Il est certain qu'il n'y a pas de sentiments plus délicats à exprimer, en art, que les sentiments religieux, surtout les aspirations d'un cœur fervent, les phases qui constituent la vie intérieure d'une âme en état de grâce. C'est pourquoi les scènes les mieux interprétées des Ecritures sont toujours celles qui se présentent sous l'aspect le plus naturel.

Pour traduire le surnaturel, il faut savoir l'humaniser ; combien ont possédé ce don ? En choisissant pour thèmes la Nativité, la Sainte-Famille, l'Adoration des Mages ou des bergers, la Cène, la Passion, la Descente de croix, les principaux gestes des Saints, maints artistes ont accompli des chefs-d'œuvre ; en connaît-on qui aient été aussi heureux en s'inspirant de la Transfiguration du Christ, de son agonie au Jardin, de sa Résurrection, de son Ascension, de l'Assomption de Marie, des apparitions d'Anges ? Les Christ en croix impressionnants, les douces Vierges à l'Enfant, les attendrissantes Mères de Douleur ne manquent pas ; mais où contempler sans déception un Jésus au Sacré-Cœur, une Immaculée dans sa gloire ? Les saints convenablement figurés sous un aspect ordinaire sont presque en abondance ; qui pourrait citer un Précurseur méditant, un Paul touché par la grâce, un François recevant les stigmates, un Jean de la Croix s'élevant de terre, une Térèse ou une Marguerite-Marie en extase dont l'image satisfasse ?

Pour régénérer l'art religieux, pour le christianiser davantage, le rendre à la fois humain et surnaturel, vivant et émouvant, il importe avant tout d'amener les artistes qui désirent s'y consacrer à l'étude raisonnée et approfondie des manifestations de la piété. Ils ne sauraient les observer comme il convient que sur les personnes engagées dans la voie spirituelle, c'est seulement après avoir appris à les bien discerner autour d'eux qu'ils interrogeront avec fruit les rares œuvres d'églises et de musées où des maîtres en ont fixé quelques-unes. Il semble au moins superflu d'énoncer une vérité si peu contestable, mais comment s'y soustraire, puisque tant la méconnaissent ?

Les artistes ont souvent des naïvetés de bonne femme. Combien s'imaginent causer des sensations pieuses, noter des états d'âme mystiques, en portraiturant n'importe quel pratiquant mondain ! Combien sont disposés à croire que toute personne à genoux dessine une attitude d'orante ! Force est bien d'expliquer à ces ingénus qu'il ne suffit pas d'aller régulièrement à la messe et de remplir à peu près ses devoirs de fidèle pour cheminer dans la voie parfaite et posséder un visage spiritualisé, et qu'il n'appartient ni à des indifférents ni à des tièdes de manifester un sentiment religieux en prenant une posture de prière. Force est bien encore de détromper les grands enfants qui pensent se mettre en état de réaliser une œuvre profondément chrétienne par cela même que, pour représenter des saints ou des saintes, ils empruntent les traits de n'importe quel religieux, de n'importe quelle religieuse. Et l'on se voit contraint aussi d'avertir de leur erreur les scrupuleux qui se figurent que des mois d'études d'après nature en pleine Palestine les mettront mieux à même d'interpréter les sujets du Nouveau Testament. Sans doute de telles études sont utiles et louables, mais elles ne sauraient fournir que des éléments de travail.

On n'ajoute pas à la force spiritualisante d'une scène de la Passion parce qu'on la trace d'après les plus récentes découvertes de l'archéologie, que l'on y donne aux personnages des types et des costumes dessinés à Jérusalem, aux décors des caractères Judéens. La fameuse illustration de James Tissot en reste un exemple péremptoire. L'artiste qui veut évoquer la vie de Jésus a surtout besoin de connaître l'esprit des Evangiles. Celui que l'on charge de représenter des scènes de l'Ancien Testament ne rendra pas ses compositions meilleures en les situant dans des paysages authentiques. Le rôle de l'artiste, dans l'un et l'autre cas, n'est pas de reconstituer des figures et des décors historiquement exacts, il consiste à faire revivre d'une manière vraisemblable et assez humaine pour toucher les âmes, les élever à Dieu, — c'est-à-dire par des expressions faciales et des attitudes bien observées, — les gestes de Notre-Seigneur, de sa sainte Mère, des Apôtres, des Saints. Et c'est pourquoi les modèles professionnels ne sont jamais des collaborateurs lorsqu'il s'agit de poser des figures illuminées par la grâce : ils n'ont que des formes à exhiber.

Les sentiments religieux sont tellement intimes qu'il faut de longues observations pour les bien reconnaître quand ils se manifestent par un regard ou dans une posture. L'interprète des sujets sacrés, s'il ne veut risquer à chaque instant de tomber dans des contre-sens, doit étudier avec soin les expressions des croyants qui s'appliquent de toutes leurs forces à vivre selon la loi divine. Il est indispensable qu'il arrive à distinguer tous les signes par lesquels s'affirment ou s'ébauchent le recueillement, la dévotion, la

ferveur, le rayonnement spirituel. Ceci ne peut sou-
lever aucune objection.

Mais comment inculquer à nos artistes des préceptes
esthétiques d'un ordre aussi délicat? Que de difficultés à vaincre pour qu'un tel enseignement devienne
pratique ! Quoique ce soit à l'atelier que l'artiste re-
çoive le mieux la formation esthétique dont il a besoin, il est impossible actuellement d'user de ce procédé. La création d'une école-atelier exigerait des
sommes considérables, qu'il serait d'autant plus difficile de réunir qu'une telle œuvre ne peut passionner
que de rares esprits ; et, même s'il se trouvait de généreux donateurs, on serait fort embarrassé pour re-
cruter les maîtres nécessaires. La seule tentative
réalisable aujourd'hui, la seule œuvre qui ne suscite-
rait pas trop d'obstacles, la seule dont il ne soit pas
téméraire d'attendre de bons résultats, c'est la création d'un ensemble de cours à l'usage des artistes
déjà initiés à leur métier.

Les initiateurs de la société « l'Art sacré », dont
les efforts ont été paralysés par l'indifférence am-
biante, avaient eu l'heureuse idée de fonder des cours
pour rendre au clergé le goût des belles œuvres, pour
lui communiquer la somme de connaissances archéo-
logiques et esthéthiques dont aucun prêtre ne se
passe sans dommage dans un pays civilisé ; et, les
cœurs généreux ne manquant pas encore en France,
ils étaient parvenus à s'assurer le concours désinté-
ressé de multiples professeurs. C'est le plan de l' « Art
sacré » qu'il conviendrait d'adopter. De savants
apôtres seraient bien vite réunis et l'on organise-
rait des cours dans n'importe quel local.

Quant au programme de l'enseignement à donner,
en voici un schéma.

ESTHÉTIQUE.— Affiner le goût des artistes, enrichir leur esprit, leur démontrer la nécessité de réaliser une harmonie en toute figure comme en toute scène, de tendre au style sans jamais cesser d'être naturel, d'interpréter avec simplicité, de proscrire les effets théâtraux et d'étudier les exigences murales, tous étant appelés à composer des œuvres destinées à décorer des édifices. Leur faire comprendre qu'il importe d'apprendre à discerner les caractères de la piété sur les visages, dans les attitudes et les gestes, de bien choisir parmi les personnes vivant de la vie intérieure les types conformes aux sujets à représenter afin de spiritualiser les figures ou tout au moins de les montrer recueillies, d'une gravité méditative ou d'une sérénité, d'une grâce bien réellement chrétiennes.

Les inciter à toujours figurer sous de nobles traits et avec un rayonnement spirituel notre adorable Sauveur, « le plus beau des enfants des hommes », ainsi que notre reine Marie, « la mère du bel amour », et à doter au moins de beauté morale les saints et les pieux fidèles. Leur conseiller d'éviter les thèmes où le surnaturel joue un rôle trop prépondérant et trop difficile à traduire en plastique de même que les intéprétations d'un symbolisme sans clarté et sans vie. Toute allégorie qui ne se prête pas à un bon effet d'art doit être rejetée, et mieux vaut ne pas aborder les sujets dont le surnaturel ne saurait être manifesté d'une manière humaine. On tirera toujours parti de la *Résurrection de Lazare* et du *Bon Samaritain,* on ne fera jamais une œuvre satisfaisante avec la *Lutte des Anges* et le *Triomphe de l'Eglise.*

Leur communiquer l'horreur de toute fantasmagorie, de tout ce qui rappelle la féerie ou l'opéra, le merveilleux des contes de nourrices. Les exhorter à ne pas abuser des lumières extraordinaires pour causer des sensations de surnaturel. De tels moyens ne doivent être employés que dans certaines scènes, par exemple le *Buisson ardent*, l'*Annonciation aux Bergers*, jamais dans la *Cène* ; et leur application exige beaucoup de tact.

Leur bien préciser les obstacles que rencontre celui qui tente de figurer un saint ou une sainte en extase. Rien de plus lamentable, en général, ou de plus à *côté* que les essais de ce genre. Pour rendre convenablement les phases de la vision extatique, il faudrait d'abord avoir eu la bonne fortune de les observer et ensuite réunir les qualités de réalisation d'un révélateur d'âme. Seul, un artiste véritablement mystique et favorisé de vision fixera, — du moins est-il plausible de l'admettre, — un souvenir suffisant de ces états. Que les autres se contentent de tracer intelligemment des images de serviteurs de Dieu en simple oraison, en adoration ordinaire.

Exposer que ces différents principes se dégagent de l'étude comparée des œuvres de tous les siècles chrétiens et insister sur ce point capital : l'artiste le mieux doué pour représenter des sujets sacrés, pour faire *œuvre religieuse*, c'est-à-dire spiritualisée, partant spiritualisante, c'est celui qui possède la psychologie de la piété et la puissance d'interpréter les physionomies. Un nouvel Holbein qui saurait butiner dans les jardins de l'Eglise réaliserait des œuvres merveilleusement pieuses.

Histoire de l'art chrétien. — Montrer que cet art se développa et donna des floraisons de belles œuvres lorsque ses interprètes s'inspirèrent de la vie, lorsqu'ils humanisèrent et naturalisèrent leurs compositions. Souligner les défectuosités de l'art trop hiéra-

tique, trop linéairement décoratif, comme fut celui de
Byzance à diverses époques, comme l'est actuellement
son succédané du Mont Athos. Faire remarquer que
partout il y a eu des périodes de décadence suivies,
dans plusieurs pays, de relèvements ; et que le dépérissement d'un art, s'il ne correspond pas au dépérissement d'une nation, n'es. pas forcément un signe d'agonie. L'art de chaque pays peut se comparer
à un organisme vivant ; il connaît les maladies, les
accidents, les anémies, les langueurs.

En France, après son épanouissement du xiiie siècle, l'art religieux eut un déclin pendant une centaine
d'années, puis il se releva, subit l'altération italienne
dans la seconde moitié du xvie siècle, se refrancisa mais
sans se rechristianiser profondément sous Louis XIV,
déchut ensuite, faillit s'éteindre sous la Révolution,
se releva renouvelé dans la première moitié du xixe
siècle pour s'anémier de nouveau peu après. Le catholicisme traverse actuellement une crise trop grave
pour que son art ne s'en ressente pas, rien ne peut
empêcher d'admettre qu'il reprendra de la vigueur
quand l'Eglise se sera adaptée à la société moderne.

ARCHÉOLOGIE ET ICONOGRAPHIE. — Indiquer ce
que l'on sait sur les costumes et les décors de la période primitive, en rappelant que ces questions n'ont
en art qu'une importance très secondaire et qu'il est
sage de ne s'en inquiéter que pour éviter des contre-
sens choquants. Insister au contraire sur les quelques
costumes d'anciens ordres religieux qui nous sont connus par des documents certains, les saints de ces ordres
devant être logiquement représentés sous leur aspect
exact. On donne en général au Patriarche d'Assise et
aux Franciscains de la première heure le froc marron
qui ne fut adopté qu'au xve siècle. Il convient de les

revêtir de la robe grise qu'ils portaient et que l'on peut voir dans d'assez nombreuses peintures ; et il faut se garder de leur mettre de la barbe, signe distinctif d'autres enfants du Poverello : les Capucins.

EXÉGÈSE ET LITURGIE (Cours à confier à un ecclésiastique). — Expliquer les textes sacrés dans la mesure nécessaire aux artistes et les initier à tout ce qu'il est bon qu'ils sachent de la Tradition. Leur donner l'intelligence des sujets les plus souvent usités pour la décoration des églises et l'illustration des livres. Leur indiquer dans quelles limites ils doivent suivre scrupuleusement les textes et de quelle somme d'initiative ils disposent dans l'interprétation de certains thèmes, entre autres l'*Annonciation*, la *Cène*, le *Noli me tangere*, l'*Ascension*, l'*Assomption*, la *Conversion de saint Paul*. Leur apprendre le symbolisme des cérémonies et des ornements sacrés.

PSYCHOLOGIE RELIGIEUSE (comme le précédent, ce cours revient à un ecclésiastique). — Exposer dans ses lignes essentielles l'étude des sentiments religieux, de la spiritualité, de la psychologie des saints. Inciter les artistes à faire revivre les saints sous des traits au moins vraisemblables, des physionomies en concordance avec leurs caractères moraux, et à les représenter de préférence dans leurs gestes rigoureusement historiques, leurs miracles avérés, la vérité l'emportant toujours en beauté et en puissance affective sur les légendes.

Ce sont de fortes personnalités que les saints ; il faut donc éviter, si l'on tient à ne pas agir en barbare, de leur infliger des têtes banales. Et il n'importe pas moins de n'en jamais figurer aucun, pas même saint Benoît Labre, sous un type vulgaire, car la sainteté, ne l'oublions pas, illumine les visages d'une noblesse morale. Un vieux vagabond, quel que soit son air de « père noble », ne peut pas donner l'illusion d'un saint Jérôme ; un paysan italien, eut-il la barbe la plus fluviale du monde, n'a rien pour évoquer un docteur comme saint Jean Chrysostome ou comme saint Basile. On ne conçoit pas sainte Geneviève avec une mine d'oiselle ou de mondaine, saint Bernard avec une effigie de frère convers sentant encore son village. Saint François d'Assise doit avoir une tête de héros du renoncement, des traits d'ascète, une expression de poète, non la face d'un illusionniste ou d'un pensionnaire d'asile d'aliénés ; saint Antoine de Padoue un masque d'énergique et non de séminariste anémié ou de bon jeune homme. Sainte Térèse doit avoir la physionomie d'une religieuse fervente autant que mortifiée, non celle d'une hallucinée de clinique. A présent que la psychologie religieuse et la critique historique sont en plein développement, il serait intolérable que nos artistes continuassent de travestir les saints et d'en écrire les vies avec de grossiers barbarismes.

Il importe enfin, et beaucoup, de ne jamais prêter à Notre-Seigneur ni à la Sainte Vierge des attitudes communes ; Ghirlandajo et Rembrandt commirent un solécisme énorme en représentant le Sauveur une main sur la hanche, le premier dans sa *Mission des Apôtres*, le second dans sa *Résurrection de Lazare*.

Ghiberti ne fut pas moins coupable en faisant chasser les vendeurs du Temple par un Christ qui distribue de formidables bourrades ; Juan de Paréja fut plus coupable encore en infligeant au divin Maître, dans sa *Vocation de Saint Mathieu* (Musée de Madrid), les traits d'un pauvre hère de la dernière catégorie. Il convient aussi de ne pas donner à l'Enfant Jésus une posture de bébé vulgaire. Et il n'est que raisonnable, lorsqu'on figure les amis de Dieu, d'étudier les maintiens et les gestes qui conviennent à leur qualité d'enfant de lumière et à leur degré de spiritualité. Le Moïse que N. Froment a peint se tenant un pied est un contresens dont il y a lieu de sourire ; d'autres irritent, tel le geste emphatique imposé par Lesueur au Christ apparaissant à Madeleine. Et quoi de plus affligeant que les poses théâtrales du *Baptême de Jésus* de Fréminet, de la *Visitation* de P. Mignard, de la *Pêche miraculeuse* de Jouvenet, tous ces effets forcés et ces préciosités trop en honneur au xviie siècle !

Les artistes qui s'appliqueront à éviter ces hérésies se moderniseront au bon sens du mot et travailleront en intelligents catholiques. Que de maîtres auraient réalisé de fortes œuvres religieuses s'ils avaient eu l'idée d'approfondir les thèmes qu'on leur demandait de traiter !

Par l'enseignement donné au moyen de ces différents cours, on pourrait constituer un noyau d'artistes comprenant bien tout ce qu'exige la bonne interprétation des sujets sacrés. Sans doute tous ne seraient pas capables de spiritualiser leurs œuvres, mais plusieurs seraient en état de devenir les éducateurs esthétiques de leurs frères. Tant qu'un résultat de ce genre n'aura pas été obtenu, on attendra vainement quelque mouvement sérieux. Un savant esthéticien affinera le goût des esprits de haute culture et exercera certainement une heureuse influence sur quelques confrères et d'assez nombreux mondains, il ne formera jamais des artistes. C'est un fait devant lequel il faut bien s'incliner. De même que, seul, un religieux peut former des religieux, seul, un artiste peut former des artistes, parce que, seul, il sait les comprendre pleinement et s'en faire comprendre.

L'œuvre des cours que nous préconisons est une œuvre de transition. Ce serait la première des phases nécessaires au relèvement de l'art chrétien.

CHAPITRE VI

MOYENS DE CULTIVER LE GOUT DU PUBLIC

Parallèlement à l'œuvre destinée aux artistes, il conviendrait d'en essayer une autre pour cultiver le goût du public catholique. Les fidèles, surtout ceux des classes moyennes, ont beaucoup contribué à maintenir dans sa banalité, sa laideur, son ineptie, la fabrication commerciale, à encourager la reproduction des modèles ridicules, des icônes lamentables, des idoles pour sauvages perfectionnés. Les éditeurs vendent ce qu'on leur demande, leur rôle n'est pas de corriger le goût des acheteurs mais de le satisfaire. Ils échoueraient d'ailleurs s'ils s'avisaient de jouer aux réformateurs. L'un d'eux, qui n'était pas insensible aux belles choses, fit jadis un essai qui ne laisse aucun doute à cet égard ; il mit en vente quelques moulages d'œuvres d'art, entre autres celui d'une Vierge xvi⁰ siècle d'un travail charmant : personne n'en voulut.

Si tant de magots encombrent les magasins d'objets de piété, la faute en est donc, pour une bonne part, imputable aux fidèles. Et tous ne pèchent point par ignorance. Il y en a qui, très sciemment, offrent aux églises de Paris des plâtres dont, selon le mot d'un

ancien curé de Saint-Sulpice, ils ne voudraient pas
pour leurs salons. Ceux-là n'entendent faire que des
cadeaux économiques, ils oublient qu'en donnant à
une église ils donnent à Dieu. Singulière aberration !
D'autres qui ne regardent pas à la dépense agissent
cependant avec un sans-gêne analogue. Un de nos
artistes réputés désirait doter d'un saint François de
Sales l'église d'un village où il villégiaturait avec sa
famille ; sa femme, également artiste, modela hâti-
vement une robe ecclésiastique quelconque et la
couronna d'une tête de moulage que recommandaient
son commencement de calvitie et sa majestueuse
barbe. C'était assez bon pour une église rurale. Et
ce sont de tels donateurs qui proclament, avec les
incroyants, que l'art religieux se meurt. Ce sont surtout leurs dons qui sont des œuvres mortes.

Des fidèles s'excuseront en disant qu'ils n'ont
donné des ouvrages de commerce que parce que
leurs ressources ne leur permettent pas d'autres
achats. Et ils sont les premiers, ajoutent-ils, à re-
gretter de n'avoir pas trouvé de meilleurs modèles
chez les marchands. Fort bien, mais avec le prix de
deux ou trois moulages, ou d'un chemin de croix, ils
auraient pu faire exécuter par un jeune artiste soit
une œuvre originale, soit une copie de chef-d'œuvre.
Même faible ou inégal, le travail original eut toujours
été plus intéressant que le produit industriel. On
oublie trop les artistes, surtout les jeunes. On est
trop porté à douter de la valeur d'un artiste qui n'a
pas encore de notoriété à trente ans, ou l'on se figure
trop vite que tout sociétaire d'un Salon demande des
prix d'académicien. Il serait pourtant si facile de se
renseigner sur ce point ! Quel mondain n'a dans ses
relations un peintre ou un collectionneur ? Enfin on
peut, même avec le prix d'un mauvais moulage,

offrir à son église un présent utile autant que délectable ; une série de reproductions photographiques de belles œuvres. On en trouve d'excellentes aujourd'hui, et un ensemble d'épreuves bien choisies et bien présentées produirait sur les parois d'une nef ou d'une chapelle un très heureux effet.

C'est son ignorance des choses d'art qui entraîne le public des fidèles à tant de fautes de goût, il importe donc de le renseigner au plus tôt et de travailler à l'affiner. Pour l'atteindre, il est mille moyens : publications, cours, promenades, conférences dans les musées et les édifices de style. Tous permettent de l'imprégner de la somme d'esthétique pratique dont il a grand besoin. Ce public, qui semble le plus routinier et le plus entêté, se transformerait aisément si on lui en exposait les raisons avec des arguments sérieux et d'une manière charitable. Jusqu'à présent ceux qui lui ont reproché sa barbarie en matière artistique se sont contentés de le railler ou de l'invectiver, les plus avertis l'ont invité d'un ton autoritaire à mépriser telle forme d'art pour en exalter telle autre, c'est-à-dire à partager leurs passions. Ce n'est point ainsi que l'on procède à l'éducation d'un public. Mépriser, disait avec raison Tennyson, signifie presque toujours ne pas comprendre. On ne doit pas baser un jugement sur son goût personnel. En vérité, toutes les manifestations *artistes* sont acceptables qui ont été réalisées d'après les principes essentiels, les lois de l'harmonie. Ce qu'il faut enseigner aux fidèles, ce sont les moyens de reconnaître d'abord une œuvre d'art et ensuite une œuvre pieuse. C'est assurément moins facile que de les caricaturer et de railler la Saint-Sulpicerie.

On s'acharne sur les fidèles parce que ce sont les

fidèles du Christ ; mais tout observateur impartial sait bien que la plupart des autres mortels ont le goût anesthésié ou altéré. Le public non-chrétien, lui aussi, n'a qu'une piètre intelligence de l'art. On le voit bien, chaque année, par ce qu'il exalte, ce qu'il achète et ce qu'il dédaigne. Pas de meilleur bouillon, de culture pour tous les snobismes que ce public. C'est seulement parce qu'il se donne l'illusion de s'intéresser aux œuvres qu'il se distingue du nôtre. Interrogez les habitués d'expositions, vous constaterez combien sont rares les affinés qui goûtent l'art : en dehors de cette élite, ou plutôt de ces élites, car nos affinés appartiennent à diverses catégories sociales, il n'y a que des ignorants plus ou moins prétentieux ou, si l'on préfère, avec ou sans opinions sur les œuvres. Et même chez les artistes, que d'esprits fermés à l'harmonie ! Que de traducteurs à concepts bourgeois ! Que de manouvriers sans yeux pour ce qui ne présente pas un aspect trivial ou difforme ! Que de sauvages passionnés pour l'outrance et le clinquant !

Mais puisqu'il est déjà si difficile de cultiver le goût des épris de beauté, qui, presque tous, entendent suivre leurs sensations sans se soucier des principes, comment décider les fidèles, que l'art n'intéresse guère, à recevoir une éducation esthétique ? En leur rappelant la place que tient l'art dans la religion, son rôle, son importance, ses états de service. Beaucoup des nôtres, influencés à leur insu par l'odieux Jansénisme, en sont encore à croire que l'art n'est qu'une frivolité, un passe-temps mondain. Qu'on leur apprenne donc enfin comment le christianisme a vivifié et exalté l'art, et quelles merveilles majestueuses ou touchantes a créées l'art catholique. Alors ils désireront développer en eux le sentiment du beau.

Pour amener les fidèles à collaborer, en cultivant leur goût, à la régénérescence de l'art religieux, il y a quelque chose de plus efficace qu'un système de cours : l'action du clergé. Qui ne voit les féconds résultats qu'elle produirait ? Fort bien, répondra-t-on, mais alors il faut former des prêtres capables d'accomplir cette mission particulière. Sans doute, et un tel travail n'a rien d'héracléen. Depuis quelques années, le nombre a sensiblement augmenté des jeunes prêtres qui se préoccupent d'art ou d'archéologie et ne demandent qu'à s'initier aux questions esthétiques dont la connaissance peut leur être utile. En quelques années, l'Ecole conçue par l' « Art sacré » formerait d'excellents apôtres, aptes non seulement à décorer et à meubler intelligemment leur église mais à commencer l'éducation de leurs confrères et de leurs ouailles. Sans eux, communiquera-t-on jamais profondément au clergé le respect des architectures de style et l'amour des œuvres artistiques, le désir de parer harmonieusement les chœurs et les chapelles et la volonté de n'avoir pour le culte que des objets revêtus de beauté? Sans eux arriverait-on à fonder les chaires d'esthétique indispensables dans les Grands Séminaires et à donner des continuateurs aux Bernward, aux Dunstan, aux Godchard, aux Meinwerk et aux Suger ?

Que d'enlaidissements d'édifices eussent été évités, que de ruines vénérables, comme celles de l'Abbaye de Cluny, eussent été sauvées, que d'admirables œuvres eussent été conservées aux églises, si nous avions eu, au siècle dernier, une phalange de prêtres soucieux de l'art pour Dieu ! Les musées et les collections particulières renferment des pièces d'orfèvrerie, des broderies, des chasubles, des chapes, des crosses et maints autres objets qui n'auraient jamais dû sortir des maisons du Seigneur, car ils y concouraient bellement à le glorifier.

Il suffirait d'un peu de dévouement pour créer l'École de « L'art sacré », il n'en faudrait pas beaucoup plus pour fonder les cours destinés aux artistes! Mais c'est de cette dernière fondation qu'il conviendrait de s'occuper tout d'abord, et parce qu'elle présente moins de difficultés et parce qu'il importe avant tout d'avoir des artistes capables de réaliser des œuvres pieuses. Dans le cas où la masse des fidèles se refuserait à acquérir l'amour du beau, on se consolerait aisément si l'on parvenait à obtenir un groupe de créateurs de beauté spiritualisante. Douze de ces derniers feraient plus pour l'art religieux que douze mille dévots au goût très affiné, car l'éloquence des chefs-d'œuvre a des effets prodigieux.

Rien n'empêche de s'inquiéter dès à présent du projet précité, les persécuteurs n'en sauraient contrarier l'exécution. Le moment de crise que traverse l'Église de France rend au contraire très désirable un essai de ce genre. L'art est ce qui peut le moins exciter la haine des sectaires ; ils n'en comprennent pas mieux la puissance que les bigots incultes. Et contre les mouvements d'art, un gouvernement reste aussi désarmé que contre des courants d'esprit. Ne négligeons donc rien pour relever l'art glorificateur de Dieu ; s'il produisait une nouvelle floraison de belles œuvres, que de sympathies ne ramènerait-il pas au catholicisme !

Expressive figuration de la Bible et des Dogmes, cet art, noble auxiliaire du culte, c'est, sans cesse ouvert aux pages essentielles, le livre d'une histoire qu'on ne

doit pas oublier. Plus seront magnifiques l'écriture
et la décoration de ces pages, plus leur enseignement
rayonnera, plus leur mystère courbera de créatures
devant la Toute-Beauté, le divin Jésus-Christ !

Comparez les époques entre elles, nul art n'a dépassé l'art chrétien ; aucun ne fut plus fécond ni plus
divers, aucun n'émeut davantage. Offrant des hymnes
au Créateur, exaltant le Rédempteur, célébrant la
Médiatrice et les Intercesseurs ; interprétant l'homme
dans ses sublimités et ses misères, ses appétences
d'infini et ses lèpres passionnelles, il a tout traduit
avec une intensité, une délicatesse, une variété dont
on ne trouve l'équivalent nulle part. A l'eurythmie
des Anciens, il ajouta la spiritualité ; à leur suavité,
la grâce chaste. Et le premier, dans sa représentation
des sentiments, il réserva une place à la pitié !

Les Hellènes modelèrent d'admirables figures aux
proportions exquises, aux contours stylisés, mais ils
n'exprimèrent guère que la vie extérieure ; aux
Chrétiens seuls il appartenait de déceler la cons-
cience, de révéler l'âme, de manifester le divin. Oh !
les statues aux yeux sans pupilles, et qui *regardent*,
et qui *voient !* Et ces visages aux sourires exta-
tiques qu'un pinceau a comme *angélisés !* En ses
meilleures réalisations l'art païen ne s'adresse qu'aux
sens, ne charme que les yeux et l'imagination, comme
en Grèce ; ou s'il abstrait de la matière, comme dans
l'Inde et l'Egypte, c'est par un symbolisme hiératique qui renseigne et n'affecte point. L'art chrétien,
au contraire, en parlant à l'esprit, touche le cœur et
l'élève vers Dieu.

Attendons patiemment une nouvelle floraison
d'œuvres spiritualisées ; comme les saints et les
héros, les artistes viennent toujours à l'heure mar-

quée. Enfin que ceci nous rende indulgents envers les malhabiles ouvriers de la première heure, et envers les inévitables, les nécessaires médiocres ; les uns et les autres ont leur utilité, tous amassent des matériaux pour les réalisateurs de génie.

Que de gér'rations de producteurs n'a-t-il pas fallu po... .t...dre possibles un Phidias, un Vinci, un Dürer, un Angelico, un Rembrandt ! Les génies sont de terribles assimilateurs ; esthétiquement, ils se nourrissent d'hécatombes et leur parturition est le résultat de mille collaborateurs dont ils aspirent toute la vitalité, toute la force créatrice. Ainsi, dans l'humanité comme dans la nature, fonctionne la grande loi de hiérarchie, magnifique réfutation infligée aux conceptions égalitaires, rêves d'esprits malades ou envieux.

TABLE

—

SAINT-AMAND, CHER. — IMPRIMERIE BUSSIÈRE

SCIENCE ET RELIGION

Études pour le temps présent. — Prix 0 fr. 60 le vol.

www.ingramcontent.com/pod-product-compliance
Ingram Content Group UK Ltd.
Pitfield, Milton Keynes, MK11 3LW, UK
UKHW020035100726
13658UKWH00003B/1326